中小学爱国主义教育的宪法实施路径

胡慧馨　著

華文出版社
SINO-CULTURE PRESS

图书在版编目（CIP）数据

中小学爱国主义教育的宪法实施路径 / 胡慧馨著.
北京:华文出版社,2024.8.--ISBN 978-7-5075-5704-6

Ⅰ.D921-49

中国国家版本馆CIP数据核字第2024UV7531号

中小学爱国主义教育的宪法实施路径

著　　者： 胡慧馨
责任编辑： 刘超平
出版发行： 华文出版社
地　　址： 北京市西城区广外大街 305 号 8 区 2 号楼
邮政编码： 100055
网　　址： http://www.hwcbs.cn
电　　话： 总编室 010–58336239　责任编辑 010–58336222
发行部 010–58336267
经　　销： 新华书店
印　　刷： 三河市航远印刷有限公司
开　　本： 880mm × 1230mm　1/32
印　　张： 5.375
字　　数： 130 千字
版　　次： 2024 年 8 月第 1 版
印　　次： 2024 年 8 月第 1 次印刷
标准书号： ISBN 978-7-5075-5704-6
定　　价： 50.00元

目录

绪论：讲好宪法是爱国主义教育实施的新路径

爱国主义自古以来就流淌在中华民族的血液之中，是我们民族精神的核心，是中国人民和中华民族同心同德、自强不息的精神纽带，在中华民族五千年的发展中，激励着一代又一代中华儿女为祖国的发展和繁荣而不懈奋斗。

党和国家高度重视爱国主义教育工作，2023 年 10 月 24 日，第十四届全国人大常委会第六次会议表决通过了《中华人民共和国爱国主义教育法》（以下简称《爱国主义教育法》）。《爱国主义教育法》第六条明确规定，爱国主义教育的主要内容包括“宪法和法律，国家统一和民族团结、国家安全和国防等方面的意识和观念”①，明确将宪法教育作为爱国主义教育的重要途径和主要内容。《爱国主义教育法》从法律的层面确认了宪法教育在塑造国家观念、凝聚国家认同方面的重大功能。《爱国主义教育法》第十四条规定：“国家采取多种形式开展法治宣传教育、国家安全和国防教育，增强公民的法治意识、国家安全和国防观念，引导公民自觉履行维护国家统一和民族团结，维护国家安全、荣誉和利益的义务。”②因为宪法承载的是国家与公民的一种共同约定，是对国家未来的一种展望，“宪法

① 中华人民共和国爱国主义教育法[M]. 北京：中国法制出版社，2023：4.
② 同①，7.

教育要从娃娃抓起”，如果从小就开始接受宪法教育，能让他们对国家、国家制度，包括政府、法院、检察院等一些抽象的概念产生亲切的感觉，伴随着年龄的增长、理解能力的增强，他们会加深对国家、国家制度的认同感。因此，讲好宪法是爱国主义教育实施的新路径。

第一节　中小学思想政治教育的困境

爱国主义教育是思想政治教育工作中非常重要的内容。在全国高校思想政治工作会议上，习近平总书记强调：“高校思想政治工作关系高校培养什么样的人、如何培养人以及为谁培养人这个根本问题。”①这个论述寓意深远，让全国的思想政治课教师都重新认识到自己的工作使命是什么，思想政治教育的基本目标和要求是什么。

相当一部分论者认为，在我国基础教育阶段，中学生思想政治教育的实效性很低。杜时忠教授对学校思想政治课实效性的调查数据表明，在初中阶段的思想政治课内容排序中，重要内容排序前三位，依次是道德教育、心理健康教育、理想教育；而认为“不重要”的德育内容的前两项，初中生选择的是劳动教育、民主与法制教育。② 可见，在基础教育阶段，存在思想政治教育空洞化的现象。

一、中小学思政课教学相关情况调研

一项调查表明，在中小学思想政治教育中，传统的爱国主义教

---

① 习近平在全国高校思想政治工作会议上强调：把思想政治工作贯穿教育教学全过程 开创我国高等教育事业发展新局面[N/OL]. 人民日报，2016-12-09[2024-03-14]. http://dangjian.people.com.cn/n1/2016/1209/c117092-28936962.html? ivk_sa=1025883i.

② 杜时忠. 学校德育实效的调查研究[J]. 教育研究与实验，2007(2)：14-15.

育存在发展困境：预设了问题“您对祖国的感情来自哪儿”，结果在以下选项“国家的快速发展”“历史上的成就”“对国家将来的发展看好”“个人感觉”等的选择频率分别是73.9%、66.9%、50.3%和49.1%，在问到“您是通过哪种方式获得对祖国的热爱”时，选择频率分别为“学校教育”占76.2%、“历史记载”占52.7%、“自己亲身体会”占44.8%、“文艺作品”占58.4%，以及“长辈的影响”占31.1%。[①] 从这些数据可以看出，“个人感觉”“长辈的影响”占比不高，对传统爱国主义的潜意识相对较低。

另一项针对北京市中小学道德与法治学科教师（以下统称“道法教师”）进行的法治教育教学实践相关的调研[②]结果也显示：

（一）参与调研的道法教师中，所学专业为法学的占比为14%，非法学专业占比为86%。

（二）在进行课堂教学时，62.5%的道法教师认为最大的困惑是法律专业知识不足，难以讲授相关法治知识；54.2%的道法教师认为教学中最大的困惑是法律教学资源及实践活动资源匮乏，不知道如何开展法治教育实践活动。

（三）没有接受过宪法学的相关学习或培训的道法教师占比95%以上；认为宪法课讲授有难度的道法教师占比近90%。

（四）谈及宪法课讲授难度大的原因，69%的道法教师认为因为涉及宪法学专业知识，而自己没有法律专业背景，没有宪法理论基础的知识储备。

（五）谈到所在的学校是否存在重视教材知识点的讲授，忽视宪法核心价值引领的现象时，认为学校重视宪法教育的教师占26%，认为学校重视程度一般的教师占54%，认为学校不重视的教师占

---

① 宋新伟，陈占芳．中华民族国家认同状况调研报告［J］．新疆大学学报，2014(3)：82.

② 胡慧馨．初中道德与法治学科教师培训策略研究［J］．教学与管理，2022(3)：47-51.

19%。总体而言，大部分道法教师认为自己所在的学校更重视法律知识的讲授，但不重视宪法核心价值的引领。

（六）关于法治实践课方面的情况，63%的道法教师没有带领学生上过法治实践课；67%的道法教师认为没有法律专业的相关知识，在组织和开展法治教育实践课的时候畏难，怕出错；46%的道法教师认为教学过程中缺少法律实践活动的资源支持，因此难以带领学生开展法律实践课程；15%认为二者兼而有之。

（七）对法治培训的期待方面，93%的道法教师提出了“提升法律专业知识”的期望；33%的道法教师期待组织法治实践和观摩活动。

（八）在“最希望得到哪些法律内容的培训”调查中，75%的道法教师表示最需要的法律内容的培训是宪法内容的培训。

以上调研结果表明，在全球化趋势及市场经济多元价值的影响之下，传统的宪法教育实效性不佳，且存在发展困境。

二、中小学宪法教育实效不佳的表现

（一）教师对法律概念不清晰、表达不严谨、引导不自信

深入道法教师的课堂之后，我们发现，初中道法教师在讲授道德与法治这门课的时候，对法律方面的很多概念是不清晰、不明确的，因而在讲课时会出现表达不严谨，甚至表达错误的情况。例如，有的道法教师只知道民法当中的财产权和人身权，而不知道宪法当中的财产权和人身权，在讲解财产权和人身权时，往往只讲民法中的财产权和人身权，而作为最重要的基本权利的财产权和人身权往往被忽略。这样的法治课堂，要谈公民意识的培养无疑是很困难的。尤其是在讲解八年级下册的宪法知识专册时，如国家机构的设置、人民代表大会制度、政党制度、宪法的保障和实施等知识点，很多道法教师自己都搞不清楚这些制度的设计和知识点

背后的学理，在对学生进行引导时往往缺乏自信，存在不敢讲、讲不好的现象。

（二）法治教育实践课流于形式、教育效果不佳

法治教育实践课在法治教育过程当中毫无疑问是非常重要的一环，从总体上看，法律进校园活动已经在各地各学校开展多年，形式也丰富多样，如“法官进学校”“模拟法庭”“法治手抄报”“宪法日朗读宪法”等。但遗憾的是，在不少地方，这样的活动或流于形式，或时断时续，最后均难以取得法治教育实践的实效。究其原因，诸如“法官进学校”活动，多以单一的讲座、报告的形式呈现，往往缺乏趣味性，很难吸引中学生，引起他们的关注；而“法治手抄报”等活动往往只是宣传标语的书写，很多标语都是中学生看不懂、听不懂的，因此，即使举办了很多场讲座和报告，校园里写满法治标语，这些法治教育实践课很多时候仍成为流于形式的任务，根本达不到法治教育实践活动的目的。

第二节　中小学思想政治教育存在困境的原因

经过调研分析可知，导致目前中小学道德与法治学科教学实践面临困难的主要原因是，对法治教育的要求提升了，法治教育的难度加大了。

一、对青少年法治教育的要求进一步提高

2014 年 10 月，中国共产党第十八届中央委员会第四次全体会议（以下简称十八届四中全会）在《中共中央关于全面推进依法治国若干重大问题的决定》中提出，要“全面推进依法治国”，并且明确提出要“把法治教育纳入国民教育体系，从青少年抓起，在中小学设立

法治知识课程”。[①] 青少年法治教育作为实施依法治国战略中的重要一环，其重要性第一次被中央提升到前所未有的高度。

为了推动法治教育纳入国民教育体系，切实将中小学法治教育落到实处，2016 年以来，中央相继出台了《依法治教实施纲要（2016—2020 年）》《全国教育系统开展法治宣传教育的第七个五年规划（2016—2020 年）》《青少年法治教育大纲》《教育部等七部门关于加强青少年法治教育实践基地建设的意见》《教师教育振兴行动计划（2018—2022 年）》等文件。教育部、司法部、全国普法办共同制定了《青少年法治教育大纲》，不仅明确了小学、初中和高中阶段法治教育的指导思想、工作要求、目标内容和实施途径，还明确了实施青少年法治教育的基本规范和对青少年法治教育的质量要求。

二、教材中法律专业知识的增加使教学难度增大

2016 年起，义务教育小学和初中《品德与生活》《思想品德》教材名称统一更改为《道德与法治》。这次教材改革意味着法治教育被正式纳入学校教育课程体系，法治教育有了独立的课程地位，与德育摆在了同等重要的位置上。

但正是因为这次教材的改革，为教师们的授课带来了很大的困难。原因就在于教材中增加了大量法律专业知识，且难度加深，对道法教师的要求较高，而大多数道法教师专业化程度较低。

2017 年之前，道德与法治教材呈现“一纲多本”的特点。小学道法教材和初中道法教材有十多个版本，全国各地中小学使用的教材版本五花八门。由于编写者的素质各不相同、利益博弈等因素，教材的质量也参差不齐。为了规范教材的使用，2012

① 中共中央关于全面推进依法治国若干重大问题的决定[N/OL]. 人民日报，2014-10-29[2024-03-14]. http://paper.people.com.cn/rmrb/html/2024-03/14/nbs.D110000renmrb_01.htm.

年起，教育部统一组织编写语文、历史、道德与法治等三科教材。从2017年起，中小学道德与法治课程统一使用人民教育出版社出版的《道德与法治》教材。该版本教材的特点是以宪法精神为主线，高度重视“法治”理念知识，小学阶段、初中阶段涉及数十部法律法规、条例和司法解释，法律知识庞杂。八年级下册的《道德与法治》教材则设置成宪法专册，全册都是宪法内容。

三、道法教师学科背景较杂，法律专业化水平偏低

我国《青少年法治教育大纲》中的“初中阶段目标”是：“使学生初步了解个人成长和参与社会生活必备的基本法律常识，进一步强化守法意识、公民意识、权利与义务相统一观念、程序思维，初步建立宪法法律至上、民主法治等理念，初步具备运用法律知识辨别是非的能力，初步具备依法维护自身合法权益、参与社会生活的能力。”①

法治教育是一门专业性很强的学科，而很多中学很少配备有法学专业背景的专职教师，大多是思想政治教育专业毕业，有的甚至只拥有中文、数学或外语专业背景。由于教师们受专业的限制，缺乏必要的法律知识基础和法律实践经验，《青少年法治教育大纲》里的表述对当下的初中道法教师来说比较抽象；很多教师对某项法律制定的目的、依据、具体要求一知半解；仅凭《青少年法治教育大纲》去拓展教材，驾驭法治教育课堂难度较大，甚至对学生提出来的具体法律问题时常无法完全解答或解决。

四、校外法治师资力量缺乏，校内法治教师力量薄弱

目前，许多中小学没有稳定的、长期的校外兼职法治教育师资

① 教育部，司法部，全国普法办. 青少年法治教育大纲[N/OL]. 中华人民共和国教育部公报，2016-06-28：15.

队伍,未能充分发挥法官、检察官、律师、高校法律院系教师等法律工作者的力量为开展法治教育提供支持。校外法治师资的缺乏,导致学校与法律界联系较少,法治教学实践资源也相对缺乏。

第三节　中小学思想政治教育的突破

一、侧重法治教育当中的宪法教育

中小学思想政治教育的实效性之所以不理想,是因为中小学道法教师面临很多教学实践方面的困难。在爱国主义教育方面,中小学通常采用传统的爱国主义教育方式和手段进行。传统的爱国主义教育方式往往主要从传统革命精神、优良道德元素、民族精神、中华优秀传统文化、改革开放成就等几个方面实行。在进行传统革命精神教育时,道法教师会带领学生重走红色路线、参观革命遗址,如西柏坡纪念馆、遵义会议纪念馆、抗美援朝烈士陵园等;在进行优良道德元素教育时,道法教师会组织学生参加家风传承、敬老院敬老等主题活动;在进行中华优秀传统文化教育时,道法教师会向学生讲解我国的传统节日、学习国学经典、了解祭孔盛典等;在进行民族精神教育时,道法教师会以天眼、高铁、GDP 等丰富多彩的改革开放成就向学生展示我国自强不息的历史文化。但是,这些手段和方式历经多年,仅仅是使用的素材有所变化,而形式和理念仍大体承袭20 世纪的惯例,因此,有些师生不免觉得这样的爱国主义教育方式有些陈旧。

宪法爱国主义理论是一种关于国家认同的理论,涉及一个政治共同体中成员的自我认知及自我确认的过程。在一个以国家作为代表的政治共同体中,每一个成员都必须回答以下两个问题:第一,我属于哪个国家?第二,我赞同什么样的国家?思考这两个问题的过程就是确认自我归属感的过程。宪法爱国主义理论最早是由德国政治学家多尔夫·施特恩贝格尔(Dolf Sternberger)在20世纪50年代提出来的,尤尔根·哈贝马斯(Jürgen Habermas)在20世纪80年代对其进行了移用和建构。尤尔根·哈贝马斯在力图解决东、西德统一,欧盟一体化,欧洲移民等问题的大背景下提出了宪法爱国主义理论,他认为"民主的公民身份不需要扎根于人们的民族认同:自由—民主国家的社会联合应当是法律的、道德和政治的,而不是历史的、文化和地域的"。他主张"以公民身份吸收民族身份,以由公民组成的民族吸收由人民组成的民族"①。但是,尤尔根·哈贝马斯的这个观点也被认为存在一定的局限性,因为在现代国家,不可避免地会长期存在政治的边界,而一个有政治边界的国家一旦发生危机,最有可能起到动员和组织作用的就是族群文化,而尤尔根·哈贝马斯的观点被认为在一定程度上存在贬抑和压低族群文化的因素。不过,提倡进行宪法爱国主义教育并不是主张抛开各国现有的历史、文化联系建立一个世界政府、新国家,而是反对狭隘的民族主义,主张理性的平等协商,同时以宪法为工具,形成一种政治文化,实现自由、民主、人权等价值目标。

在道德与法治这门学科的教学中,宪法教育占有相当的比重,小学六年级上册、初中八年级下册、高中必修三,均涉及专门的宪法内容。宪法教育可以分为宪法专业教育和宪法国民教育。宪法专业教育指的是有明确的教材,针对高等教育法科生或法律职业群体,着眼于职业训练、职业培养的专业法学教育;而宪法国民教育指的是针对一国国民开展的宪法教育,没有明确的教材,带有公共性,涉及众多元素,着眼于宪法知识、宪法意识、宪法精神的培育。因此,中小学教师、中小学生的宪法教育定位是宪法国民教育,适于采

---

① 徐霄飞.宪法爱国主义观念初探[J].江苏警官学院学报,2009(2):38-39.

用不片面、不极端的复合型的国家认同观进行爱国主义教育，而这样的爱国主义教育最重要的抓手就是宪法教育。

首先，宪法教育是培养法治观念的逻辑起点。2016 年 6 月，教育部、司法部、国家普法办联合颁布的《青少年法治教育大纲》明确规定，法治教育要“以宪法教育为核心，以权利义务教育为本位”，“要将宪法教育贯穿始终”。[①] 小学、初中道德与法治学科因此专门设置整册教材对宪法知识进行集中讲述，宪法教育的重要性自不待言。

其次，宪法是培养爱国主义情怀的有效途径。当前中小学思想政治教育的目标之一就是爱国主义教育。爱国主义是国家基本的文化，任何国家都强调公民的政治道德。宪法不仅是一个国家共同体发展的制度，更是一部历史的教科书，宪法承载着一个国家的历史。就我国宪法来说，整部宪法都是国家发展和变迁的体现，学习宪法，能够让学习者了解国家成立之初，社会共识是如何形成的，国家政权的正当性是如何建立起来的。同时，宪法还是民主的教科书。学习民主首先要学习宪法规定了什么样的民主制度。就我国宪法来说，学习宪法，可以了解人民代表大会制度为什么是根本制度，如何选举产生国家机关、监察机关、军事机关、领导人，了解宪法就了解了民主制度的发展，了解宪法就能对我国政治制度的发展产生自豪感，从而就能达到爱国主义教育的目的。另外，宪法还是感受和学习人权的教科书。我国宪法第二章专门规定了公民的基本权利。2004 年，我国将“人权”写入宪法，发布人权白皮书，强调人权的特殊性的同时也承认人权的普遍性。因此，爱国主义在宪法上是具体的，不是空洞的，构建中国的宪法爱国主义，通过宪法来培育青

---

① 教育部，司法部，全国普法办. 青少年法治教育大纲[N/OL]. 中华人民共和国教育部公报，2016-06-28.

少年的爱国情怀，建立公民的政治忠诚，有着现实的重要性和迫切性。

然而，长期以来在我国的爱国教育体系当中，作为爱国主义教育途径之一的宪法教育并没有收到应有的效果。翻看中小学法治教育读本，对宪法的传授，大多是我们所熟知的“宪法是我国的根本大法，具有最高的法律效力”这一口号式的定义。这种口号式的教育“不利于孩子在法治教育的初期产生宪法心理，所以应该在宪法常规教育中渗透相关的宪法历史发展过程，使孩子从对宪法的感性认识出发，增强宪法意识”①，侧重于宪法爱国主义在中小学教育中的国家认同塑造功能。但是，在中小学实施爱国主义教育的同时也要认识到，宪法教育在爱国主义教育事业中绝不是唯一的途径，实际上，它只是其中一个抓手、一条路径，在教学当中应当构建一个叙事性、学理性并行的知识框架载体，辅以宪法故事或宪法叙事的方式进行教学。

二、侧重法治实践教育

《青少年法治教育大纲》提出：“青少年法治教育要充分发挥学校主导作用，与家庭、社会密切配合，拓宽教育途径，创新教育方法，实现全员、全程、全方位育人。”“要充分利用主题教育、校园文化、党团队活动、学生社团活动、社会实践活动等多种载体，全过程、全要素开展法治教育。”②

然而，目前中小学法治教育基本上仍停留在简单的法律知识灌输阶段。大多数中小学仍以静态、单项、僵化的说教或灌输为主，学

① 梁钟毓. 论青少年宪法法治教育的目标和实施构想——从法治意识观念培养角度出发[J]. 学理论，2017(2)：146-147.

② 教育部，司法部，全国普法办. 青少年法治教育大纲[N/OL]. 中华人民共和国教育部公报，2016-06-28.

生机械、被动地接受法律知识，缺少主体性和能动性的发挥，没有体验和参与，这不仅难以激发学生的兴趣，也很难培养学生的法治意识和法律应用能力。

同样，在现有的道法教师法治培训中，法治教育实践的培训也往往被边缘化。以往的法治教师培训不仅培训数量少，很多时候出于经济效益的考量，往往采用集中式的大规模培训，一次培训数百人，且培训方式常以讲座的形式进行。大教室里坐着几百名参训者，培训者一边强调教师要重视发挥学生的主观能动性，一边继续沿袭固有的灌输式培训方式向参训教师进行简单的说教和告知，不给参训教师提供参与体验的机会。这种集中式的、单向度的培训模式往往导致道德法治教育培训实践和教师教育观念脱节，成为中小学教师坚持错误观念的“榜样”，进而难以获得真实的实践体验，无法获得变革性的成长。可以说，不能触动教师心灵、转变其观念的培训，往往都是比较低效的。

因此，法治教育，尤其是宪法教育，要注重从传授、讲座、报告转向注重活动、项目、实践，重视实践式、体验式、参与式的教学方式。

三、着力点及方向

宪法教育及法治实践教育的着力点在于协调社会资源。因此，在设计宪法课程及法治实践课程的同时，要加强与司法机关的联系，充分协调法院、检察院、律师事务所等法治教育资源，调动法律从业人员的力量，整合地方立法机关、地方司法机关、高等学校法学院系等组织及教育行政部门的资源，着力建立一套法治教育服务机制，定期组织中小学生及道法教师亲临法院、检察院等部门参观、旁听、研讨，实现社会服务法治教育的常态化机制。

第四节　开展中小学宪法教育的重要性和必要性

一、开展中小学宪法教育的重要性

开展宪法教育对中小学生来说非常重要，原因主要有以下几点：

第一，帮助中小学生形成正确的国家观念。宪法教育有助于中小学生形成正确的国家观念，意识到自己作为公民的责任和义务，进而增强对国家的认同和归属感。第二，培养中小学生的法治意识。宪法是国家的根本法律，宪法教育可以帮助学生认识到法律的重要性，形成正确的法治观念，从小学习并尊重宪法和法律。这对培养良好的公民素质和法治意识有着重要的作用。第三，培养中小学生的爱国情感。中小学生正处于成长发展的关键时期，宪法教育可以帮助他们形成正确的爱国情感，培养他们对祖国的热爱和感激之情，增强他们的民族自豪感和集体荣誉感。第四，促进中小学生的全面发展。宪法教育可以涵盖国家的政治、经济、文化、社会等多个方面，可以帮助中小学生全面了解和认识国家的发展历程、制度建设和文化传承，进而促进他们的全面发展。

总之，开展宪法教育有助于中小学生形成正确的国家观念和法治意识，培养良好的公民素质和爱国情感，进而促使他们更好地维护国家的宪法秩序。

二、开展中小学生宪法教育的必要性

在中小学阶段进行宪法教育非常必要。

首先，中小学宪法教育是公民宪法教育的基础。中小学阶段是人生的起步阶段，在这个阶段，不仅要让孩子掌握科学文化知识，还要帮他们养成良好的思想品德，这就是让孩子“扣好人生中的第一

粒扣子”最重要的工作。同时,中小学阶段的宪法教育是后续公民教育的基础,直接影响到高等教育、职业教育、成人教育等阶段教育的质量。见微知著,中小学阶段的教育质量是衡量一个地区、一个社会乃至一个国家现代化、文明的基础和标志,从这个角度来看,中小学阶段的教育关系着整个国家甚至人类社会的发展。而中小学阶段的宪法教育对公民宪法意识的培养及宪法精神的培育有着基础性作用。

其次,中小学阶段的宪法教育是义务教育阶段中法治教育的核心。2014 年 10 月,十八届四中全会在《中共中央关于全面推进依法治国若干重大问题的决定》中明确指出,要“全面推进依法治国”“将法治教育纳入国民教育体系,从青少年抓起,在中小学设立法治知识课程”;2016 年教育部、司法部颁发《依法治教实施纲要(2016—2020 年)》《青少年法治教育大纲》。《青少年法治教育大纲》明确规定,青少年法治教育要“以宪法教育为核心,以权利义务教育为本位。法治教育要以宪法教育和公民基本权利义务教育为重点,覆盖各教育阶段,形成层次递进、结构合理、螺旋上升的法治教育体系。要将宪法教育贯穿始终,培养和增强青少年的国家观念和公民意识;将权利义务教育贯穿始终,使青少年牢固树立有权利就有义务、有权力就有责任的观念”①。由此可知,法治教育的核心是宪法教育,而宪法教育的核心就是培养和增强孩子们的国家观念和公民意识,这就是宪法爱国主义教育最重要的功能和价值。

最后,宪法教育的目标与教育的目标高度契合。关于教育的目标,历来存在“个体本位论”和“社会本位论”两种观点。前者将人看

---

① 教育部,司法部,全国普法办. 青少年法治教育大纲[N/OL]. 中华人民共和国教育部公报,2016-06-28.

作是教育的主体，认为教育的目的在于满足个人发展的需要，人的全面发展是教育的终极目标；后者认为，人的本质是“一切社会关系的总和”，教育的最终目的在于满足社会的发展。其实，这两种观点均有其合理性，社会的发展离不开个体的提升；个人的发展也不能超越时代和社会，只强调任何一个方面显然失之偏颇。教育的目的在于培养民主、自由、平等、正义、法治、和谐的人类共同价值，其终极价值是使人全面发展。“宪法凝结着一个国家的基本共识和基本价值观，规定着公民与国家之间的基本关系。”①宪法教育既是公民权利和人权教育，也是国家基本制度的教育。这种教育让每一个生活在这个国度的公民都首先了解宪法所确立的价值秩序，了解自己在国家中的地位，了解自己的权利和义务。由此可见，宪法教育的目标与教育的目标高度契合。

① 张翔．宪法教育应成为公民教育核心［N/OL］．经济日报，2014-12-03［2024-03-14］．http://views.ce.cn/view/ent/201411/04/t20141104_3842095.shtml.

第一章　中小学宪法教育的目标和载体

第一节　中小学宪法教育的目标

我国的宪法教育分为宪法专业教育和宪法国民教育。宪法专业教育和宪法国民教育是一组相对的概念。宪法专业教育主要是针对宪法专业法科生的一种偏职业路线的教育模式，一般会有明确的教材及教学依据，教学实施的主体一般是大学教员。宪法国民教育是针对一国国民开展的宪法教育，带有国民教育的公共性，没有专门的教材，重点不在于职业训练，而在于宪法知识的普及、宪法观念的培养、宪法精神的树立；相比宪法专业教育的受众而言，宪法国民教育的对象更显多元和复杂；教学实施的主体也不仅仅是大学教员，义务教育阶段的教师及相关普法单位都应承担部分宪法国民教育的责任。因此，宪法国民教育不仅是建设法治社会的重要基础，也是建设法治国家、法治政府、法治社会的重要抓手。

高校教育自 20 世纪 80 年代初期恢复以来，宪法专业教育也随之恢复并在法学专业教育中占据举足轻重的地位。但是，宪法国民教育却没有得到相应的重视。1982 年宪法的制定，标志着宪法回归理性道路。

《中共中央关于全面推进依法治国若干重大问题的决定》提出，

“在全社会普遍开展宪法教育,弘扬宪法精神。建立宪法宣誓制度,凡经人大及其常委会选举或者决定任命的国家工作人员正式就职时公开向宪法宣誓”①,并同时提出,“把宪法法律列入党委(党组)中心组学习内容,列为党校、行政学院、干部学院、社会主义学院必修课。把法治教育纳入国民教育体系,从青少年抓起,在中小学设立法治知识课程”②。中国共产党第十九次全国代表大会(以下简称“党的十九大”)报告指出“加大全民普法力度,建设社会主义法治文化,树立宪法法律至上、法律面前人人平等的法治理念”③。2018 年 2 月,中共中央政治局在第四次集体学习时,习近平总书记提出,“要加强宪法学习宣传教育,弘扬宪法精神、普及宪法知识,为加强宪法实施和监督营造良好氛围。宪法法律的权威源自人民的内心拥护和真诚信仰,加强宪法学习宣传教育是实施宪法的重要基础。要在全社会广泛开展尊崇宪法、学习宪法、遵守宪法、维护宪法、运用宪法的宣传教育,弘扬宪法精神,弘扬社会主义法治意识,增强广大干部群众的宪法意识,使全体人民成为宪法的忠实崇尚者、自觉遵守者、坚定捍卫者。要坚持从青少年抓起,把宪法法律教育纳入国民教育体系,引导青少年从小掌握宪法法律知识、树立宪法法律意识、养成遵法守法习惯。要完善国家工作人员学习宪法法律的制度,推动领导干部加强宪法学习,增强宪法意识,带头尊崇宪法、学习宪法、遵守宪法、维护宪法、运用宪法,做尊法学法守法用法的模范”④。

综上可见,广义的宪法国民教育应当包括对国家工作人员和群

① 中共中央关于全面推进依法治国若干重大问题的决定[N/OL]. 人民日报,2014-10-29[2024-03-14]. http://paper. people. com. cn/rmrb/html/2024-03/14/nbs. D110000renmrb_01. htm.

② 同①.

③ 习近平. 决胜全面建成小康社会　夺取新时代中国特色社会主义伟大胜利[J]. 实践(思想理论版),2017(11):14.

④ 习近平在中共中央政治局第四次集体学习时强调:更加注重发挥宪法重要作用　把实施宪法提高到新的水平[J]. 思想政治工作研究,2018(3):10.

众的宪法教育，狭义的宪法国民教育则仅指对普通国民的宪法教育。宪法国民教育的重点在于宪法精神的树立、宪法知识的传授、宪法意识的培养。

第二节　中小学宪法教育的载体

宪法国民教育若要有效，需以各种相应的要素作为依托进行。如果想避免让宪法国民教育成为无根之木，就必须以具体的案例、故事、范例及相应的文化符号作为抓手和载体。

一、宪法“故事”的意义及必要性

“故事”不仅是一种高度的文化浓缩，而且是一种最佳的文化传播方式。在做宪法宣传教育工作时，要善于采用“讲故事”的方法，讲好中国故事，传播好中国声音。习近平总书记本人就是讲好中国故事的身体力行者——2017 年人民出版社出版的《习近平讲故事》收录了习近平总书记讲的中国故事，不仅有党的优秀干部的“廉政故事”“品格故事”“励志故事”“治理故事”，还有“人民友好故事”“国家交往故事”“文化融通故事”“历史情感故事”“亲历的故事”。[①]这些故事内容涉及方方面面和各个领域，习近平总书记在授课方面给广大人民教师树立了最生动的榜样。对宪法教育来说，宪法故事显然是很多中小学教师在教学实践中的弱项，因为我国属于大陆法系国家，跟英美法系国家不一样，我国不以司法判例作为审判的主要依据，宪法判例更是少之又少。在英美法系国家，案例教学是法学教育的主要手段和方式，因此，英美法系国家的宪法案例相当丰富，是宪法教育的最佳素材。例如，人身保护令案例、言论自由案

---

① 人民日报评论部. 习近平讲故事[M]. 北京：人民出版社，2017：1.

例、法院限权案例、反恐战争限权与秩序维护案例、经济自由与合同自由案例，都是英美法系国家实施宪法国民教育的重要途径。然而，对缺少宪法判例渊源的我国，如何建构我们自己的宪法故事，是急需解决的问题。

其实，教师们能找到一些收录宪法故事的书籍，如金成波撰写的《宪法的故事》、律豆博士编写的绘本《从小学宪法》及人民出版社出版的《中国宪法故事》等。这些收录宪法故事的书籍或素材涉及内容广泛，不仅有国外的宪法故事，也有中国的宪法故事；不仅有成人读本，还有儿童绘本。不过，相比之下，中国宪法故事的内容可能没有那么多元，更多的是以清末民初立宪为背景，展开宪法制度和国家制度建设的叙述，以宪法实施和宪法解释为主题的故事则不是很丰富，以至于中小学教师在进行宪法教学设计时可选素材有限。

二、宪法故事的功能特点

宪法故事与宪法案例有所不同。宪法案例通常注重对宪法事件进行分析，注重对宪法精神和宪法实施过程进行分类和定性并总结规律——很多学者对中国典型的宪法权利案例进行过编撰和评析，如胡锦光主编的《2013 年中国十大宪法事例评析》《2014 年中国十大宪法事例评析》《2015 年中国十大宪法事例评析》《2016 年中国十大宪法事例评析》《2017 年中国十大宪法事例评析》《2018 年中国十大宪法事例评析》等。这些书籍对很多著名的宪法事件进行了详细的记录和评析，如“内蒙古呼格吉勒图再审案”“黄海波被收容教育案”“秦火火诽谤、寻衅滋事案”“浙江女大学生就业性别歧视案”“无锡体外受精—冷冻胚胎权属纠纷案”①等。这些典型的宪法事例涉及生命权、人身自由权、言论自由权、姓名权、平等权、人格尊严、

① 胡锦光. 2014 年中国十大宪法事例评析[M]. 北京：法律出版社，2016：1-5.

宗教信仰自由、迁徙自由、生命权、财产权、受教育权等宪法权利。胡锦光教授对事例涉及的上述宪法权利进行了分类定性,并进行了规律性的总结,但没有形成对应宪法国民教育目标的系统化的故事表达机制。

与宪法事例相比,宪法故事显然更加突出宣传功能。经过时间和历史的洗刷,经过人为的思考和演绎,宪法事例会逐渐从最初的扑朔迷离的争议中剥离,最终定型,并形成富有故事性的经典叙事。这种叙事经过语言的润色,往往会成为经典的、带有明显"正剧"色彩及正能量的故事。这种从案例走向故事的宪法事件也就具备了宣传功能和效果,恰恰是宪法教育所需要的最佳素材。

三、宪法故事路径的展开

如前所述,宪法专业教育对应的是一种法律职业化的科班教育,应该从规范的权利义务角度展开;而宪法国民教育对应的则是面向公众的宣传话语,这种面向大众的宣传必然不能从严肃的规范视角切入,相反,应该考虑应用通俗易懂、生动活泼、喜闻乐见的方式。

自从党的十八届四中全会中提出"把宪法法律教育纳入国民教育体系"的要求以来,为了引导青少年从小学习、掌握宪法法律知识,理论宣传部门做出了不懈的努力和尝试。例如,采用编著图解著作的方式进行宪法宣传教育,采用标语横幅的方式进行宪法知识的普及。"宪法图解""宪法图释"等类型的普及性读物比比皆是,"深入宣传宪法,树立宪法权威""增强宪法意识,建设法治国家"等宣传标语也随处可见。但不管是图解、图释,还是标语横幅,它们或对制度结构进行解释说明,或对宪法知识点及条文进行罗列。不过,它们显得过于直白无趣,都达不到吸引中小学生学习宪法的目的。因为直白的图解、图释和标语横幅就像"路人甲",对宪法故事的融入不够,无法让人入脑入心,很难让中小学生养成宪法的观念、意识和精神。

因此,中小学宪法教育要一改前态,不能止步于法条学习与宣传,还要将宪法故事融入宪法课教学中。而宪法故事需要搜集甚至编撰,这就对中小学教师提出了较高的要求。宪法精神是什么,哪些故事能够融入宪法知识,如何将宪法的精神融入故事当中……这些需要进行设计和编撰。另外,宪法故事的演绎方式应该是多元化的,既要体现故事的生动性、活泼性,又要体现理论和叙事的相互穿插。

第二章　中小学宪法教育的内容

第一节　中小学宪法教育的基本原则

在某些中小学，宪法教育乃至法治教育存在一个很大的误区，即将宪法、法律仅理解为法条文本，固化为静态的社会规则，进而导致宪法教育与法治教育被理解为教授宪法与法律文本，某些中小学的法治教育甚至要求机械记忆宪法与法律条文。这不仅导致宪法与法治教育的核心——培育宪法意识，养成法治思维与法律素养——无法实现，还忽略了宪法作为国家认同的价值纽带功能。也就是说，中小学宪法教育的有效开展，应首先明确宪法教育的内容，在增强法治观念与形成宪法意识的目标驱动下，中小学宪法教育应着眼于培育中小学生形成“法治中国”①认同，即形成宪法意义上的爱国主义。

一、不强调法条记忆

中小学法治教育的核心是宪法教育，而宪法教育具有法治教育的共性特征，也具有宪法教育本身的特殊性。宪法教育具有的法治

① 中共中央关于全面深化改革若干重大问题的决定[N/OL]. 人民日报,2013-11-16[2024-03-15]. http://paper. people. com. cn/rmrbhwb/html/2013-11/16/content_1325398. htm.

教育的共性特征是指法治教育意欲通过宪法、法律教育促使中小学生形成法治思维,而法治思维的形成并非试图要求中小学生记忆法律条文。宪法本身的特殊性则体现在宪法的"高级法"背景与其作为超越血缘与地理的价值纽带,能够统合社会主体对法治中国建设的价值认知。

因此,培育中小学生的法治观念,其核心是让中小学生养成宪法观念。而宪法观念具有与一般法治观念相同的内核:法治思维。之所以要培养中小学生形成法治思维,是因为法治思维的核心是规则意识。规则意识的养成有助于养成"守法光荣,违法可耻"的心态和思想,推进中小学生尊法、守法、用法的氛围。但规则意识绝不等于规则或法条记忆。

首先,法条无法也无须过多机械记忆。以 2020 年新颁布的《中华人民共和国民法典》(以下简称《民法典》)为例,《民法典》共计 1260 条,仅现有的《民法典》便存在巨大的记忆困难,而且关于《民法典》的具体实施,必然涉及相关司法解释,记忆《民法典》及其相关文件缺乏实操性。再者,我国的法律不仅包括《民法典》,还包括《中华人民共和国刑法》《中华人民共和国民事诉讼法》《中华人民共和国刑事诉讼法》等诸多法律。而在信息技术便捷的今日,任何一部手机、一台电脑都能快速查询相关条文,通过人脑记忆也无必要。这并非说《民法典》或其他具体法律规范不允许记忆或排斥记忆,对特别重要的条款、特定领域的特定条款,特定主体可以选择了解和记忆,如夫妻双方可以了解《民法典》婚姻家庭编,不动产交易双方可以了解《民法典》物权编。概言之,法治思维不是要求主体机械记忆法条,相反,机械记忆法条未必就能形成法治思维。

其次,法治思维的核心是培育规则意识。所谓规则意识包含三层含义:"初级含义为遵守规则的认知,次级含义为法治思维下的规则思维,终极含义则是将法律规则内化为行动理由。”①也就是说,其一,在无须记忆法条的前提下,中小学生具有规则意识意味着中小学生具有基本的社会认知,如认为杀人是违法的等。初级层次上的规则意识只要求中小学生能够在一般社会常识意义上认识到基本禁止性行为不能实施。对此类行为,中小学生会被动遵守法律,不去从事违法犯罪行为。其二,中小学生会按照法律规则展开相关社会实践活动。这些活动的进行有可能是无觉知的社会行为,如购买到假冒伪劣产品时向商家主张违约或侵权责任。此时,特定主体存在利益受损且意欲寻求赔偿,并且主动查询到《中华人民共和国消费者权益保护法》有支持三倍惩罚性赔偿请求权的依据,以及《中华人民共和国食品安全法》有支持十倍惩罚性赔偿请求权的依据。这便是次级层次上的规则意识,能够主动依照规则寻求法律帮助。其三,中小学生能够将法律规则作为行动理由。当中小学生形成终极层次上的法治思维时,会将法律规则作为行动理由,赋予守法行为以正当性与合法性,并对违法行为展开批评性反思。守宪行为也是如此,“宪法的有效实施不仅依赖其规范性的威慑作用,它更仰仗的是公民对宪法的认同程度”②,获得人们的认同既能降低宪法实施的难度,还能减少宪法实施的成本。因此,法治思维在于培育中小学生形成规则意识,以法律规定的权利、义务与程序开展社会生活。

最后,中小学生的法治思维属于一般公众性法治思维,不同于职业性法治思维。中小学生具备法治思维是一般法律素养意义上的法治思维,只需其具有规则意识,在日常生活中能够以法律规则作为行动理由,遇到问题能够试图寻求规则支持即可,不可能也无须具备与法律职业群体相同的法律素养与职业水平。法律职业水

① 雷槟硕.教育惩戒权行使的目标:培育规则意识[J].复旦教育论坛,2019(4):34.
② 刘丹.宪法认同与公民教育刍议[J].北京师范大学学报(社会科学版),2012(5):103.

平依赖于长期的法律教育与实践熏陶。一方面,法律职业经验是通过长期法律课堂教育与法律实践参与所形成的体系化的法律知识与适用经验,区别于公众的常识性法律素养与零散性法律知识。另一方面,职业法治思维具有强烈的经验性色彩。因为法律的生命不在于逻辑,而在于经验,长期的法律实践不仅会提高职业者的知识储备,还会增强职业者的经验质感,形成经验直觉,能够更快速、准确地处理专业的法律问题,也即职业群体能够形成法直觉意义上的"法感",而公众则更多的是形成法感情意义上的"法感"。在社会日益复杂以及分工日益细化的背景下,公众无须也无法全面了解职业法律知识,即便是特定法律工作者也不能。相反,普通公众只需具备一般规则意识与社会生活中频繁使用到的零散的、具体的法律知识即可。

因此,在作为法治教育组成部分的意义上,中小学宪法教育无须要求中小学生记忆宪法及其相关法的文本,只需掌握宪法意识的核心内容,把握宪法的关键要点即可。宪法意识的核心内容或宪法的关键要点虽然是法律规定,但更多地体现了基础性的价值共识。在这个意义上,中小学生宪法教育应着眼于价值认同。

二、强调价值认同

与一般的法律不同,宪法具有"高级法"的特征。所谓"高级法"的特征是指宪法相对于一般法律,更多地体现为国家内部最高程度与最大公约性的价值共识。因为"宪法不仅记载着一个国家争取民主自由的历史,同时承载着国家的核心价值观,成为凝聚社会共识的基础"①。这些价值共识性规定既为具体法律规定提供了理念支

① 韩大元,孟凡壮.中国社会变迁六十年的公民宪法意识[J].中国社会科学,2014(12):140.

持与合宪性来源，也被用于判断下位法以及国家机关、社会团体与个人行为的正当性与合法性。换言之，宪法所凝结的价值共识不仅是立宪时的价值纽带，团结社会各方，塑造国家认同；而且宪法所体现的价值共识具有普遍性特征，在不同时代具有共通和可传承的纽带价值。一方面，宪法为立宪后的公众生活提供法律意义上的判断标准；另一方面，宪法所具有的价值共识将继续团结不特定主体，形成紧密的国家共同体。

首先，宪法应体现社会价值共识。近代立宪实践表明，无论是资本主义国家，还是社会主义国家，人民制定宪法的目的都是致力于将民主事实法律化以保障其权利。这使得宪法具有"社会契约"的特征，即人民制定宪法的目的或者人民需要宪法的目的在于保障自身的权利，只有经过人民同意并保护人民权利的宪法才能保证自身的正当性。因此，宪法的制定以及修改都需要体现最基本的社会价值共识——保护权利。相反，类似于中国历史上的《钦定宪法大纲》《宪法重大信条十九条》《中华民国约法》或德国的《魏玛宪法》等宪法或宪法性文件，即使规定人民的权利，但因缺乏社会价值共识，也会导致其缺乏正当性与实际适用可能性。换言之，宪法必须保障社会的最低程度共识，如果"无法在价值层面取得社会最低限度的认同，人民遵守宪法只是出于对法律规范性的恐惧，那么遵守宪法就只能是一种权宜之计"①。所以，立宪者若不想宪法沦为具文，就需要将宪法理解为社会价值共识的形式化表达，即宪法规范需要真切地蕴含社会价值共识。同时，宪法作为社会价值共识，需要超越阶层、利益集团等狭隘利益，经由人民制定，才能获得人民的认同。因为宪法认同首先需要宪法体现一定的社会价值共识，只有宪法所体现的价值能够与公民的价值观契合，才

① 刘丹. 宪法认同与公民教育刍议[J]. 北京师范大学学报(社会科学版),2012(5):105.

能形成公民对宪法的认同,使得宪法所体现的价值呈现为社会价值共识。其中,宪法最终的价值规定体现了保护公民的基本权利,契合了公民对自身权利保护的需求,即无论哪类阶层、何种利益集团,都能就自身权利保护达成基本共识,也使得宪法承载着最大限度的价值共识。

其次,我国宪法的内容与制定、修改体现了社会价值共识。我国1954年宪法的制定经过广泛的讨论,1982年宪法的制定与修改也经过广泛的讨论,体现了社会的普遍共识。例如,现行《中华人民共和国宪法》在正文第一章第十三条与第二章规定了公民的基本权利,1982年宪法将"公民的基本权利和义务"一章提到"国家机构"之前,体现了党和国家对公民基本权利重要性的深刻认识。再如,我国宪法明确规定,我国是人民民主专政的社会主义国家,国家的一切权力属于人民,并规定了选举制度等一系列制度保障人民当家作主。我国宪法体现了宪法的人民主权属性,以及人民主权属性所体现的人民取得民主事实的法律化价值。这些规定在内容上充分体现了我国宪法的社会价值共识,因而获得人们的广泛支持。同时,我国1954年宪法和1982年宪法规定,宪法修改需由全国人民代表大会以全体代表2/3以上的多数通过。这表明我国宪法充分尊重人民的意志,凝聚着人民代表大会制度体现的人民主权价值;呼应了坚持法治建设为了人民、依靠人民、造福人民、保护人民的要求;把体现人民利益、反映人民愿望、维护人民利益、增进人民福祉落实到了依法治国全过程中,使法律及其实施充分体现了人民意志。概言之,我国宪法在不断发展演变中契合社会价值观念的变迁,形成了稳定的社会价值共识,统合了社会各阶层、各党派的价值认知,保证了宪法的价值纽带功能。

最后,宪法的价值纽带功能决定宪法教育应着眼于价值认同,但不排斥规范认知教育。我国宪法之所以能够在社会发展中不断获得人们的支持，不仅是因为宪法作为法律规范明确规定公民的基本权利，约束国家机关权力，为公民进行合宪性评价提供明文标准，还因为宪法在历史发展中不断发展变化，承载了公民的宪法认同与情感体认，作为基本社会价值共识体现公民的精神动力，为宪法的进一步发展与国家凝聚提供动力来源。也就是说，我国宪法不仅为国家社会生活提供包括成文法规定、宪法惯例等，并且还作为社会价值共识的承载器保障宪法的有效实施。因此，作为一般公众社会认知的宪法意识与法治思维，中小学生甚至成年公民无须具备或了解，如基本权利横向效力，合宪性审查的程序、原理与技术等深奥的宪法理论知识，只需具备基本社会价值共识即可，因为宪法本身承载的价值便是社会价值共识的最高法律化结果。因此，中小学宪法教育无须针对宪法及其相关法的具体规定展开巨细靡遗的教育、宣传，而应致力于培育中小学生养成关于宪法的价值共识。

第二节　中小学宪法教育的基本内容

党的十八大提出，要把宪法法律列入党委(党组)中心组学习内容，列为党校、行政学院、干部学院、社会主义学院的必修课。由此，全国上下，包括中小学在内，掀起了宪法的学习热潮。那么，宪法学习到底要学什么？宪法教育到底要教什么？

一、国家观念教育

宪法教育应着眼于价值认同，但宪法教育不能随意择取某类社会价值展开实践活动。宪法教育需要一项能够统合宪法理念的现代价值命题。在社会转型期国家认同逐渐受到多元价值冲击的背景下，能够有效实现国家认同以及凝聚社会价值共识的宪法价值命题是“法治中国”。

中国共产党第十八届中央委员会第三次全体会议(以下简称“中共中央十八届三中全会”)通过的《中共中央关于全面深化改革若干重大问题的决定》(以下简称《决定》)明确提出“推进法治中国建设”,要求“建设法治中国,必须坚持依法治国、依法执政、依法行政共同推进,坚持法治国家、法治政府、法治社会一体建设”①。“法治中国”命题承袭1999年《中华人民共和国宪法修正案》规定的“依法治国,建设社会主义法治国家”,且随着法治建设的推进,逐渐从“有法可依、有法必依、执法必严、违法必究”升华为“科学立法、严格执法、公正司法、全民守法”②。因此,“法治中国”命题涉及法治教育、宪法教育的法治社会建设,“法治中国”建设中的“全民守法”更依赖于法治教育、宪法教育的全面开展。

首先,“法治中国”的“法治”是宪法之治。十九大报告明确强调中国特色社会主义法律体系建设应以宪法为核心。由此可推导出,宪法意义上的“法治中国”有如下内涵:就国家立法权而言,全国人大及其常委会立法权必须接受宪法的审查;就国家行政机关而言,则必须遵守宪法法律,依法行政、依宪行政;就审判机关、检察机关、监察机关而言,必须遵守宪法和法律,独立行使审判权、检察权、监察权;就各政党、各社会团体、各企业事业组织而言,同样必须遵守宪法和法律,依法办事,依法行事;作为执政的中国共产党而言,则必须依法执政、依宪执政;就公民而言,则必须遵守宪法和法律以及必须履行宪法和法律规定的义务③。也就是说,“法治中国”的“法

① 中共中央关于全面深化改革若干重大问题的决定[N/OL]. 人民日报,2013-11-16[2024-03-15]. http://paper.people.com.cn/rmrbhwb/html/2013-11/16/content_1325398.htm.

② 范进学.“法治中国”:世界意义与理论逻辑[J]. 法学,2018(3):10.

③ 范进学.“法治中国”析[J]. 国家检察官学院学报,2014(4):86.

治”内涵是指一切主体遵从宪法，具有共同的规则意识和价值共识，且宪法之治中包含着宪法所体现的价值内涵。如社会主义民主、社会主义人权等，及宪法作为社会价值共识，将公民团结在中国共产党的领导之下，凭借宪法价值共识的吸引力促使公民形成对中国的国家认同。

其次，“法治中国”的“中国”是宪法“中国”。所谓宪法“中国”是指1949年中国人民政治协商会议、1954年宪法、1975年宪法、1978年宪法、1982年宪法，以及1988年、1993年、1999年、2004年与2018年宪法修正案中一脉相承的新中国。这些宪法文献以国家根本法的形式确认了近代100多年来中国人民为反对内外敌人、争取民族独立和人民自由幸福进行的英勇斗争；确认了中国共产党领导中国人民夺取新民主主义革命胜利、中国人民掌握国家权力的历史变革；肯定了近代以来中国人民顽强奋斗中形成的国家认同；确认了中国共产党的领导之于中国的宪法意义——中国特色社会主义最本质的特征(《宪法》第一条)。再者，宪法作为国家的根本大法，以最具正当性的方式建构了社会主义中国。即是说，宪法中规定了中华人民共和国本身就是爱国主义的体现，表现为一种宪法爱国主义，确认了工人阶级领导的、以工农联盟为基础的社会主义国家这一民主事实，明确了公民的基本权利，以人民主权(《宪法》第一条、第二条等)、基本人权(《宪法》第二章)等社会价值同公民的价值观耦合，形成普遍体现社会价值共识的宪法及其相关法规范文本。

最后，“法治中国”本身作为一项价值命题，充分体现“依法治国、建设社会主义法治国家”的社会价值共识。我国《中华人民共和国宪法》第五条明确规定：“中华人民共和国实行依法治国，建设社会主义法治国家。”即是说，我国《宪法》以具体法律规定的形式明确法治原则。法治原则作为国家认同的重要建构方式，具有不同于传统民族、文化认同的功用。不可否认的是,民族认同、文化认同对国家认同的形成具有基础性作用,早期的国家认同建设有赖于文化认同与民族认同,但随着全球化的深入与消费文化的进一步发展,文化认同不断受到冲击;民族认同可能出现的民粹主义问题与非自足性,促使各个国家——无论西方国家,还是东方国家——不断寻求新的国家认同方案。法治原则基于其人权性、保障性与包容性脱颖而出,并非说法治原则可以完全替代原有的民族认同与文化认同,而是说法治原则作为宪法的基本原则具有强烈的现代化建构色彩,具有更强的吸引力与向心力。必须指出的是,“法治中国”的“法治”还强调“中国”,即“法治中国”是一项融合了文化认同与民族认同的国家认同方案与社会价值共识,最终呈现为宪法意义上的爱国主义,以宪法为核心凝聚社会价值共识与国家认同。

因此,宪法教育应以“法治中国”命题为核心,通过“法治中国”命题所体现的社会价值共识,促进公民的国家认同,形成宪法爱国主义氛围。

二、主人翁意识教育

无论是集体认同,还是国家认同,认同的实现都依赖于集体或国家所秉持的价值理论与个体价值观的契合度。尽管集体或国家所秉持的价值理念并不直接体现为经济利益,但相应的价值理念因其余个体的价值观相同或近似,被个体认定为正当的。因为这种契合近似于国家或集体对个体的尊重,对主体性的尊重及对主体作为国家或集体组成部分的尊重。再者,基于规范认同形成的行动动机与理由不同于利益投机行为,基于规范认同采取行动的行为主体不根据行动的成本-效益采取行动,更有利于在社会实践中出现合法行为。因此,以“法治中国”命题为核心展开宪法教育,首先需要以宪法的核心要义——保障公民基本权利为关键。

第一,保障公民基本权利是具有社会共识性的价值命题。无论从历史的角度出发,还是从现实的角度出发,保障公民基本权利都具备社会共识性。无论中西方,从奴隶制社会到封建制社会,再到资本主义社会,都存在漠视和损害公民基本权利的情况,公众往往以“臣民”或“被统治者”的角色出现在社会生活中:一方面,统治者具有超越法律的特权与不平等的超然社会地位,使得公众权利遭到损害或存在遭到损害的可能;另一方面,规定不平等地位与特殊群体的特权不利于保障全体社会主体以及不符合社会共同利益。而我国宪法的制定,以及宪法中普遍规定的公民基本权利,体现了公民对权利保护的基本需求。这是法治化的人权表达,也是对公民建构国家主体性的尊重。

第二,我国宪法明确保障公民基本权利。《宪法》第三十三条规定:“国家尊重和保障人权。”明确了我国的基本人权原则。《宪法》第一章第十三条与第二章详细规定了公民的各类具体基本权利,如私有财产权、继承权、平等权、人身自由权等。相关原则性的基本权利规定与具体的基本权利规定共同组成了宪法意义上的基本权利体系,背后则体现为保障公民基本权利的社会价值共识,这种基本权利认知还契合了法治思维中的规则意识。契合规则意识是指,为更好地落实人权,宪法需要将人权法定化、制度化,通过法定化与制度化,确定明确的权利规则。对公民特别重要的、基础的基本权利,我国宪法通过明确法定化提升社会对基本权利重要性的认知,以及为权利保护提供保障;而且,规则明确权利会促使行使权利的公民形成寻求法律规范帮助的遵法、守法、用法倾向,引导公民在权利行使与义务履行的场合遵从规则。也就是说,我国宪法及其相关法规定了公民的基本权利,以保障公民基本权利作为价值标准凝聚公民的权利意识。因此,宪法教育的开展应着重保护公民基本权利的社会价值共识,实现公民权利价值观同宪法的权利价值共识的嵌套,进而将公民对权利的需求与保护需求凝结为国家认同向心力,实现宪法意义上的“权利中国”认同。

第三,强调保障公民基本权利不意味着忽略义务与责任。公民享有基本权利并不是仅有权利一个部分,其内在还蕴含责任。国家认同的形成并非单向度的权利供给,因为“认同是一个身份确认的过程,是发生于主体与客体之间的意义关联”①。换言之,国家认同实质上是一项权利-义务或权利-责任复合的个体与国家关联,仅有权利并不能实现个体与国家之间的紧密联系。单方面强调权利很容易陷入自我本位的窠臼,导致权利主张的庸俗化、非理性化,甚至出现以“权利”之名突破规则和底线的情形。缺乏责任的权利意识或保障公民基本权利价值很容易脱离“法治中国”命题,因为“法治中国”命题还包括以责任为核心的归属感。通过权利-义务或权利-责任的共同构造,我们可以促使“法治中国”命题不仅在价值契合的内在向度吸引公民,还在价值维持的外在向度形成归属认同。

概言之,宪法教育的核心内容之一就是教育公民认识、理解与行使公民基本权利,树立主人翁意识。

三、守法意识教育

宪法教育尽管不应限缩于宪法文本,但宪法文本提供的基础架构确是宪法理念的体系。因此,按照宪法的体例设计,宪法教育的内容不仅包括“公民基本权利”教育,还包括与国家基本制度、国家机构相关的内容。尤其是“国家机构”部分,属于现代宪法架构的两个主体部分之一。换言之,宪法教育还需以“国家机构”制度安排所体现的社会价值共识展开国家权力教育。但宪法教育中的“国家权力”或“国家机构”并非是让教育主体知悉一切国家机构的权限、权

---

① 陈明辉.转型期国家认同困境与宪法学的回应[J].法学研究,2018(3):24.

力运行以及国家机关之间与国家机构内部的关系，而是明晰国家权力背后所体现的社会价值共识。

首先，“国家权力”教育应与“人民主权”教育相结合。与展开“保障公民基本权利”教育相同，在“国家权力”的宪法教育中结合“人民主权”教育是要树立公民的主人翁意识，即知悉国家权力来源于人民，这也是我国《宪法》第一条和第二条等明确规定的核心内涵。同时，还要求国家机关及其工作人员必须明确权力的来源，树立“限制、约束权力任意行使”的思维。限权思维既是法治思维的组成部分，又是宪法规定的监督原则（《宪法》第三条和第二十七条）的必然要求。其一，法治的核心要义就是限制公权力，将公权力关进制度的笼子里。只是这个笼子并非仅靠法律制度的确立，还需要建立健全法治体系，在中国共产党的领导下，坚持中国特色社会主义制度，贯彻中国特色社会主义法治理论，形成完备的法律规范体系、高效的法治实施体系、严密的法治监督体系、有力的法治保障体系，形成完善的党内法规体系。其二，宪法的内核就是保障公民基本权利，规范国家机关权力（包括授权与限权）。这既是保障公民基本权利的基本要求，也是保障公民基本权利的必要手段。因此，权力-限权与权利-责任构成一组相互连接的命题，以权利-权力的平衡体现法治思维与宪法意识，最根本目的还是实现保障公民基本权利这一更基础的价值目标。

其次，了解知悉最基本的国家权力分配，能够更有效地进行权利救济。不同的国家机关具有不同的职权，以诉讼中的公检法为例，公安机关负责侦查、拘留与逮捕，检察机关负责批准逮捕、公诉与法律监督，必要时还可自行补侦，法院则负责审判。当公民权利受到侵犯时，公民了解相应的国家权力分配的，可以更准确地寻求权利救济。另外，通过了解国家权力，还可以确定权力行使的范围。根据“法无授权即禁止”的公法基本原理，了解国家权力的权限，可以确定国家权力的边界,防止公民行使权利时受到国家权力的侵犯,以保障公民更好地行使基本权利。

最后,通过宪法教育,可以了解国家权力,增强守法意识。一方面,明确国家权力及其制定的相关文件,可以确定公民的义务,进而为公民确定守法的范围;另一方面,明确国家权力的范围便是确定公民权利行使的空间,保障公民行使权利,实质上也是鼓励公民积极行使权利,实现积极守法。再者,积极守法的存在还会促使公民形成守法的行为模式,进而实现全面守法的制度目标。

四、民族与文化认同教育

宪法教育中最不能忽视的就是宪法的中国性。宪法在保护公民基本权利与规范国家机关权力的意义上是共同的。我国的权力制约方案是监督原则,体现了一定的中国性。我国宪法中的中国性或中国性的宪法具有独立的教育需求:一方面,该部分可以整合民族认同与文化认同,强化国家认同;另一方面,中国性的强调可以塑造更符合我国历史传统与现实需求的宪法爱国主义。

第一,坚持以社会主义作为政治理想,整合社会各阶层的社会价值共识。历史经验表明,无论是洋务派、维新派,还是资产阶级革命派,他们都无法充分统合社会价值共识,只有中国共产党能在不同阶段整合各阶层,统合社会价值共识,坚持社会主义的政治理想。为“把我国建设成为富强民主文明和谐美丽的社会主义现代化强国,实现中华民族伟大复兴”而努力奋斗(《宪法》序言第七自然段)。坚持以社会主义作为政治理想就需要坚持中国共产党的领导,因为“中国共产党领导是中国特色社会主义最本质的特征”(《宪法》第一条)。历史经验也表明,正是在中国共产党的领导下,社会各阶层的价值共识才被统合了起来。

第二,加强国家标志教育,形成以国家标志所象征的中国认同。

《宪法》第四章规定了"国旗、国歌、国徽、首都"。以国歌为例，我国的国歌《义勇军进行曲》的创作起因于1931年"九一八事变"的爆发，历经多次修改，以强烈的国家、民族气概表达了中国人民不屈的抗争精神，在"中华民族到了最危险的时候"，凝聚起中华民族、中国人民的国家认同。通过关于"国歌"的历史教育、演唱学习等不同方式，可以"增强公民的国家观念，弘扬爱国主义精神"（《中华人民共和国国歌法》第一条），即以法律化的方式讲述、培育社会价值共识，并且继续以法定化的方式充分表达对民族、文化的中国情感，落实宪法爱国主义，形成"法治中国"认同。

因此，"法治中国"命题承载了价值纽带功能，可以作为宪法教育价值认同的核心，同时具有弘扬（宪法）爱国主义的作用。一方面，"法治中国"可以将"传统认同资源整合进宪法认同的体系之中"[①]；另一方面，以"法治中国"宪法为规范资源培育国家认同形成爱国主义，可以培育理性的"法治中国认同"。

---

① 陈明辉. 转型期国家认同困境与宪法学的回应[J]. 法学研究，2018(3)：33.

第三章　中小学宪法教育实施方法

第一节　制定中小学宪法教育课程

中小学宪法教育课程的设计导向应将宪法理念纸本化、案例化、故事化，以宪法理念内在的体系统合宪法教育的方向与教育素材；以宪法教育教材为依托，通过系统、渐进的宪法教育，培育中小学生形成关于宪法理念的规范认知，凝聚以宪法理念为中心的共识价值。

一、包含宪法历史的课程

要对中小学生进行有效的宪法教育，就必须引导广大青少年在溯源历史中真正理解现代宪法的本真，让宪法精神厚植于他们的内心。

新中国第一部宪法诞生于 1954 年，也被称作“五四宪法”。现行宪法即“八二宪法”，于 1982 年颁布，是对“五四宪法”的继承与发展。“八二宪法”颁布之后，我国又分别在 1988 年、1993 年、1999 年、2004 年、2018 年对其进行了修正，相继产生了五部宪法修正案。最新一部修正案即 2018 年宪法修正案，对我国现行宪法做出了二十一条修改，将“习近平新时代中国特色社会主义思想”写进了宪法，增加了“中国共产党领导是中国特色社会主义最本质的特征”“国家工作人员就职时应当依照法律规定公开进行宪法宣誓”“国家倡导社会主义核心价值观”等内容,对中国革命和建设发展进程以及爱国统一战线和民族关系的内容进行了充实完善,并且修改了国家主席任职期限和全国人民代表大会专门委员会的有关规定。实践证明,只有不断吸纳新经验、新成果,做出新要求、新规范,才能使宪法具有先进的时代性和旺盛的生命力。

因此,要想帮助青少年更好地理解我国现行宪法与广纳民意、深得民心的1954年宪法在一脉相承中不断进行完善和改变的过程,需真正弄清楚以下问题:一、人民与国家关系的问题;二、人民如何行使国家权力的问题;三、公民的基本权利与基本义务相统一的问题;四、国家基本制度以及国家机构相互关系的问题;五、国家总体与局部之间关系的问题。从这些问题不难看出,宪法虽是国家的根本法,是治国安邦的总章程,却不是不可亲近的高深理论,宪法如同空气和水一般,时时刻刻在我们身边。

宪法具有至高无上的地位和不可替代的作用。“宪法法律至上”,有利于牢固确立领导干部的法治思维,有利于切实提高党的执政能力和水平,有利于宪法法律在我国经济、政治、文化、社会和生态文明建设中发挥积极的作用。青少年的价值取向关乎国家的未来,所以要坚持从青少年抓起,把宪法法律教育纳入国民教育体系,引导青少年从小掌握宪法法律知识、树立宪法法律意识、养成遵法守法习惯,这对全面推进依法治国战略具有重要意义。

根基不牢,地动山摇。青少年宪法教育必须溯源历史,使青少年充分认识宪法的最高法律地位、法律权威和法律效力,深刻体会宪法在国家政治、经济、社会、文化、生态等诸多方面发挥的规范、引领、推动和保障作用。

二、包含宪法基本价值的课程

宪法教育的目的是培育公民养成宪法意识与法治思维，以宪法意识与法治思维作为国家认同和制度认同的纽带，共同构成宪法意义上的规范共同体。而真正能够充当国家认同、制度认同纽带的实质内容并非个体的宪法意识与法治思维，而是作为内容的宪法基本价值，如公平、正义等。宪法基本价值具有分享性，为不同主体所认可，其内在包含的分享性使得公民能够联系在一起，形成共同体内部的价值认同。因此，中小学宪法教育课程首先要包含宪法基本价值，借助教材中的宪法基本价值内容进行课程制定。

宪法基本价值包含自由、平等、人权、法治、正义、秩序等，而中小学宪法教材中已对这些内容进行了编排。在统编版《道德与法治》八年级下册中，第四单元"崇尚法治精神"中第七课和第八课分别讲授了"自由、平等"与"公平、正义"等宪法的基本价值，其他部分还涉及人权、民主等内容。这些内容均充分体现了宪法的基本价值，也体现了社会价值共识。

但是，宪法教材中蕴含着基本价值内容，并不等于宪法教育应简单罗列宪法的基本价值，进行概念式定义教学。对中小学生来说，抽象思维能力尚未成熟，概念式定义教学缺乏吸引力，难以被接受，容易造成宪法教育的困境，因此，需要采用贴近生活的宪法事例来进行课程设计。以统编版《道德与法治》八年级下册中的案例为例：

> 白云飘飘，一只风筝在天上飞。风筝许了一个愿，乞求天空能让自己挣脱那根线，让自己不再被束缚。突然，一阵狂风袭来，风筝被吹得摇摇晃晃，它一心想挣脱线的约束，昂头借风拼命挣扎。线终于断了，风筝如愿以偿，满心欢喜的它来不及拥抱蓝天，就一头栽了下来，再也无法飞了。

挣脱了束缚的风筝为什么“无力回天”？如何理解自由应受必要的限制？①

此案例是以放风筝为例，通过拟人化的方式，表明一只风筝想挣脱风筝线随意飞翔，但掉下来之后便无法再飞了。这个案例很容易让人联想到某些人追求肆意的自由，但肆意的自由带来的代价往往可能是失去自由。通过这一案例，学生便很容易理解自由必须受到必要的限制。

再如下面的这个案例：

孙某和某公司利用网络发布侵害某死者名誉的言论，这些言论在公众网络平台快速传播，给死者的家属造成严重的精神伤害。死者家属将孙某和该公司诉至法院。法院判决被告赔礼道歉，消除影响，赔偿死者家属精神损害抚慰金。

请查阅我国对网络言论的相关法律规定，说一说网络世界自由的边界。②

现代网络技术发达，中小学生也会使用微信、微博等发表评论，转发新闻，以日常生活中经常发生的案例为例，既可以很好地将中小学生带入案例情境，也可以以“亲身经历”式的案例分析让学生了解宪法的基本价值。这种了解宪法基本价值的方式不是概念的讲解、教条的宣讲，而是以实际的案例体验构建中小学生内在的规范认知。在此基础上，教师适当引导学生了解到此项基本价值需要受到宪法法律的保护与限制。如此一来，教师可以将中小学生心中的主观感受同客观价值联系在一起。这样既加深了中小学生对自身感受的体验，明确特定心理感受是何种客观社会价值，也逐渐将自

① 教育部组织编写.义务教育教科书　道德与法治　八年级　下册[M].北京：人民教育出版社，2018：97.

② 同①.

身体验同客观价值体系联系到一起,认同自身作为规范生活世界的一分子,而不是认为宪法的基本价值与己无关。

三、认识义务与责任的课程

受西方的影响,有些人认为宪法教育就是权利教育,即培养学生的权利意识。其实,这是一种错误观念。实际上,中小学宪法教育的目的不仅仅强调学生依法行使权利,还需要培育学生养成义务与责任意识。在规范意义上的法治中国理念下,“法治中国”是一个社会主义合格公民组成的共同体。

首先,权利和义务(或权利和责任)是辩证统一的,不存在只享有权利不履行义务的民主社会,只享有权利不履行义务属于特权。再者,权利的实现意味着义务的履行。只有社会形成健康的权利义务观念,不将权利等同于利益,不将义务等同于负担,才更有可能规避工具主义的公民观。否则,权利行使与义务履行很容易陷入投机主义困境。相反,正确的公民观,既需要公民行使权利,也需要公民履行义务,在权利义务的辩证统一中实现以宪法为依据的生活。

其次,巩固学生的义务与责任意识,重要的不是要求学生牢记宪法规定的具体的基本义务是什么。如统编版《道德与法治》八年级下册中的第二单元第四课,详细列明了公民的基本义务与应依法履行的义务,但是不改变功利主义、工具主义或投机主义的权利义务观,明确多少基本义务都无法激发公民建立积极的义务观。因此,要把重点放在激发学生的参与意识与参与公共服务的能力上,即培育学生积极参与社区服务或其他社会实践活动,强化学生对家庭、学校、社区、社会、国家的归属意识,以主人翁姿态从事义务、责任活动。

最后,宪法教育在义务与责任意识的培育中,应采取开放式情境,结合学校所处地区地理、生物、历史的不同特征,形成具有特色的校本课程。例如，位于历史文化景区附近的学校，可以组织学生做小志愿者，引导游客不要乱丢垃圾；乡村地区的学校，可以组织学生清理河道、树林中的垃圾，制作保护环境标语等。通过这些方式培育学生的义务与责任意识，而非刻板地学习宪法规定的基本义务，我们可以更有效地引导学生过以宪法为依据的生活。

四、引导参与协商的课程

《青少年法治教育大纲》在教学方式要求中提出“形成以学习者为中心的教育环境，引导学生自主学习”；在学生自我教育部分提出“要根据学生实际，引导、支持学生自主制定规则、公约等，逐步培养学生参与群体生活、自主管理、民主协商的能力”；在不同阶段目标中，分别要求“参与社会生活的意识和能力”（义务教育阶段）、“参与法治实践的能力”（高中教育阶段）、“参与社会公共事务的能力”（高等教育阶段）。[①] 在不同阶段要求受教育者具备不同程度的参与能力，实质上是对社会主义合格公民更为关键的要求。因此，宪法教育课程的制定要引导中小学生参与协商。

第一，以宪法为依据的生活需要公民积极参与协商。以宪法为依据的生活既是政治生活，也是日常生活。无论哪种生活，都需要公民积极参与协商。只有积极参与协商才能形成以宪法为依据的生活实践。缺乏参与协商的以宪法为依据的生活仅停留在宪法规范层面，不易为人们接触和理解。换言之，以宪法为依据的生活一定程度上在于“生活”的动态性，这需要公民发挥主人翁意识，发表观点，采取行动。只有在行动中才能更好地理解以宪法为依据的生活，也就是说，我们对宪法或法律的理解往往不是借助宪法或具体

---

① 教育部，司法部，全国普法办. 青少年法治教育大纲[N/OL]. 中华人民共和国教育部公报，2016-06-28.

的法律文本，而是在参与协商行动中理解宪法规则或规范，以自身的具体行为与经历理解特定行为的规范意义，进而理解特定规范。反过来，受教育者通过自身体验理解规范后，便会在无觉知的日常生活中构建真实生活的规范意义。再者，也唯有实在的社会实践，才能让受教育者在实践与规范的互动中判断实践的正确性。正基于此，《义务教育道德与法治课程标准（2022 年版）》强调："丰富学生实践体验，促进知行合一。"[①]因此，宪法教育课程需要关注引导中小学生学习参与协商。

第二，中小学生参与协商可以促进中小学生公民意识的形成。从认知心理学的角度出发，参与可以提升主体对过程的控制感，以抵消结果不如意带来的抵触情绪。只有公民参与到以宪法为依据的生活中来，无论其建议是否被最终采纳，都有可能促使公民通过过程控制，实现对结果不满者的情绪降噪，树立主人翁心态。中小学生也是如此——孩子们在游乐场或教室里，在学习中或在小组里通过解释、倾听、协商、妥协和原谅来讨论解决彼此间的分歧时，他们是在向民主公民的身份转变。因为中小学生也有自己所属的群体，作为群体成员，在自己所属的小群体中参与协商与自身利益相关的事务管理，其实就是一种基础的民主参与练习，使其不仅对以宪法为依据的生活体验更加深刻，且能渐进地促进中小学生公民意识的形成。

第二节　开展中小学宪法教育活动

宪法教育不是某一方单方的责任和任务，需要家庭、学校、社会的通力合作。在宪法教育的实施过程中，各方虽然有着各自独立的

---

① 中华人民共和国教育部. 义务教育道德与法治课程标准（2022 年版）[M]. 北京：北京师范大学出版社，2022：49.

功能,但多方的协力是相互渗透、相互作用的。

一、家庭中的宪法教育

在所有的宪法教育实现过程中,家庭无疑是最早、最直接、最为持久和传统的宪法教育场所。家庭是个人生命的起点,也是宪法教育的最初执行单位,它在法律知识,尤其是宪法知识的启蒙、儿童人格的塑造、人生观的形成、基本宪法规范的获得方面发挥着不可替代的关键作用。

父母及家庭成员对事物的看法及行为方式对孩子今后的思维和社会行为有着深远的影响。父母对孩子来说是最早、最重要的权威,孩子在潜意识里会模仿和学习父母对民主、自由、平等、公正等问题的态度和做法。父母和子女之间在对待同一问题的方式上,在派别倾向方面,在公民权利和义务方面,在爱国主义和民族精神方面,以及在某些具有高度感情色彩的、涉及他们个人的具体法律和政策的看法方面,具有相当大的一致性和连贯性。父母在日常生活中,以直接的或间接的方式,将他们对世界、对社会、对政治和对法律生活的态度、对特定人物或事件的评价以及他们的价值观念有意无意地传递给孩子。同时,家庭内部的关系、家庭生活模式及家庭的社会交往也会在孩子的心里留下深刻的烙印,对他们以后的宪法意识和社会行为产生持久的影响。积极参与家庭决策的未成年人,成年之后在社会和政治生活方面会表现得较为积极;专制家长式的家庭教育,可能产生权力崇拜者,使之将宪法看成是权力的附庸。因此,家庭民主建设是中小学生宪法教育关键的第一步,也可以说家庭中的宪法教育重点在于民主教育。

然而,在家庭民主生态的建构中,要注意不能落入西方教养“自由风”“民主风”的窠臼中。许多人以为民主就是完全放手,什么都让孩子自己决定,却忽略了真正的家庭民主其实是民主与权威平衡并重，在一定规则范围内给孩子独立自主的空间。

过于放任或过度掌控都不是适合孩子发展的教养方式，民主权威是有自由也有原则的爱，其中的原则可以参考下表中的教养情境。

表 3-1　家庭民主生态的建构情境表

序号	情境
1	在孩子表现好的时候告诉他，父母以他（她）为荣。
2	把孩子当大人看待，尽量以沟通、商量的方式解决问题。
3	鼓励孩子尝试做他（她）没做过的事。
4	孩子表现好的时候及时夸奖他（她）。
5	尊重孩子的看法并鼓励他（她）把看法表达出来。
6	父母做错时，主动向孩子道歉。
7	父母跟孩子一起制定家庭生活规则。
8	父母跟孩子讨论行为的好坏，让孩子清楚知道行为的后果。
9	尽可能在环境许可之下，鼓励孩子自己做决定。

二、学校中的宪法教育

学校中的宪法教育是一种最系统化、最强有力的教育途径，是一种有意识、有目的、有计划地向学生传输宪法文化，培养学生宪法意识和价值取向，训练学生参与公共生活的过程。

学校中的宪法教育首先要充分发挥课堂教学的主渠道作用。开展宪法教育，首先要将宪法的理念、价值贯穿于学校教育的全过程，推动宪法教育进课堂、进教材、进头脑。在中小学，要将宪法教育跟其他学科相结合，尤其是宪法教育中的国家观念、公民意识，与语文、道德与法治、历史等学科有机结合，提高宪法知识学习的比重，创新宪法教育的形式，丰富和优化宪法课程，支持鼓励开发多种形式的微课、微视频等数字资源和在线课程，以音乐、美术、书法、舞蹈、戏剧作品等形式，进一步增强宪法教育的吸引力和感染力。

其次，学校要广泛组织中小学生参加各种实践活动。中小学的共青团、少先队、学生会、学生社团等，要把宪法教育融入党日团日、主题班会、班队会以及各类主题教育之中。

中小学校内组织的宪法活动要根据不同学段学生的心理特点及认知需求来进行阶段划分，制定合理的教育目标。比如，小学阶段的学生注重运用各种仪式礼仪，学习宣传国旗、国徽、国歌的基本知识；学习国旗升挂、国徽使用、国歌奏唱礼仪；了解宪法宣誓仪式、入党入团入队仪式，强化国家意识和集体观念；认识国家机关，了解基本法律规则，体会民主、平等在学校生活中的意义，初步建立法治观念；结合公共生活中制定规则的事例，感知制定规则需要遵循一定的程序；了解宪法中有关国家领土和国家统一、民族团结的规定。

中学阶段的学生应注重对宪法价值理念的思考、学习宪法的主要内容、明确宪法的地位与作用，认识国家基本制度和国家机构，了解党的领导是中国特色社会主义最本质的特征，是中国特色社会主义制度最大的优势，并在制度上达到认同；思考权利与义务的关系；了解法治在国家治理现代化中的重要作用；了解“一国两制”基本国策的实践过程；了解全国人民代表大会的性质和职权，增进对全过程人民民主的理解；了解“中国式协商民主”，民族政策和基层民主制度的实践。

此外，为了让学生能够在一个良好的宪法教育环境中学习成长，接受宪法教育的潜移默化作用，学校应重视宪法在校园氛围的营造。一方面，可以基于不同手段、不同形式、不同渠道开展宪法教育的宣传工作；另一方面，应注重各部门之间的协调合作，在学校内全面推行宪法教育。同时，也要注重各部门规章制度的构建与完善。例如，在教室、宿舍及食堂进行相关管理条约的张贴，或者及时处理学生违纪处分、各种纠纷及贫困学生资助等问题。

另外，还可以通过搭建运用宪法知识的平台，帮助学生积累丰富的用法体验，也是实现宪法教育的一个途径。比如，可以引导学生建立宪法社团、宪法咨询服务协会等，或者是在校内组织模拟法庭、定期邀请专家进校园进行宪法专题讲座等实践活动。

三、社会中的宪法教育

中小学生的宪法教育不仅要在家庭和学校中进行，社会各界都要关心和参与到未成年人的宪法教育中来。社会中的宪法教育由于主体多元，宪法教育的形式也呈现出丰富多彩的多元化趋势。

首先，文化传媒、出版单位要组织推出丰富多彩的宪法精品出版物。针对不同年龄、不同成长阶段，坚持精品标准，加大创作力度，推出与宪法相关的高质量的儿童读物、教辅读物，让中小学生自觉接受宪法的熏陶；积极推荐与宪法相关的出版物，开展宪法教育读书活动；结合青少年心理特点和接受习惯，大力开发并积极推荐体现依宪治国、宪法至上价值理念的动漫、游戏、网络文学、短视频等。

其次，组建由政法委、教育局牵头，相关单位参与的青少年法治教育部门联络平台，推进以宪法教育为核心的青少年法治教育工作。高校宪法教育专家以中小学教师为对象，开展宪法教学指导、师资培训，根据学校需求和不同年龄段学生的特点，有针对性地组织高校、中小学协同开发不同学段、不同主题的宪法教育示范课，协助提升校内教师的宪法教学水平；公安机关、法院、检察院、律师事务所向学校选派法律专业人员，为中小学宪法教育提供支持，参与宪法授课，指导模拟人大、模拟政协、模拟法庭等活动，不断提升校园宪法教育的专业性。

此外，学校还可以充分挖掘社会资源，建好用好各种法治教育实践基地;将法治实践教育作为中小学综合实践活动的重要内容,组织开展“走进法院”“走进检察院”“走进律师事务所”等活动;打造宪法教育月、法治文化节,结合“12·4”国家宪法日,组织学宪法、讲宪法活动;组织开展宪法演讲、微视频、微电影、情景剧等比赛活动,各单位通力协作,努力营造良好的宪法学习氛围。

第三节　加强中小学宪法教育宣传

一、用好报刊、广播、影视等大众传媒

大众传媒是宪法教育的最重要途径,对中小学生来说,大众传媒同样是学习宪法、体悟宪法的一个重要渠道。

各级各类媒体要聚焦宪法教育主题,创新方法手段,适应分众化、差异化传播趋势,使宪法教育的宣传报道接地气、有生气、聚人气,有情感、有深度、有温度;把宪法教育主题贯穿媒体融合发展,打通网上网下、版面页面,推出宪法教育系列专题专栏、新闻报道、言论评论,利用融媒体产品,生动讲好宪法历史和宪法故事,大力传播宪法的主流价值观;制作刊播宪法教育的优秀公益广告作品,在街头户外张贴悬挂展示标语口号、宣传挂图,生动形象地做好宣传;坚持正确的依宪治国导向,对西方的宪政主义、三权分立等错误思想言论,及时进行批驳和辨析引导。

二、宪法知识宣传与宪法案例宣传并重

宪法教育不仅要宣传、学习宪法文本知识,还要注重学习、宣传宪法实施和监督中所出现的活生生的案例,只有从静态的文本知识宣传转向动态的实践知识学习,才能更有效地开展宪法教育。相比于静态的宪法文本知识,日常政治生活中出现的典型宪法案例更易

于让中小学生认识、体验到宪法的地位和作用、价值与意义。只有让学生在实际生活中意识到宪法的价值或好处,他们才会信任宪法、尊崇宪法,进而遵守宪法、维护宪法。如果只是让学生单纯地记忆宪法知识而不去运用,那么即使把宪法条款背得滚瓜烂熟,也难知宪法之真谛。只有通过对宪法实施案例的宣传教育,才能拉近宪法与学生之间的距离,使学生真切感受到宪法是"公民权利的保障书"。

三、建设宪法宣传教育馆

2021 年 6 月,全国人大常委会通过的《关于开展第八个五年法治宣传教育的决议》(以下简称《决议 8》)强调"深入宣传宪法和宪法相关法,全面落实宪法宣誓制度,加强宪法实施案例宣传,阐释好宪法精神和'中国之治'的制度基础"①。进而,中共中央国务院转发的《中央宣传部、司法部关于开展法治宣传教育的第八个五年规划(2021—2025 年)》(以下简称《规划 8》)中提出,要"在全社会深入持久开展宪法宣传教育活动""在'五四宪法'历史资料陈列馆基础上建设国家宪法宣传教育馆"②。

宪法宣传教育馆是集中向全社会宣扬宪法原则、宪法精神、宪法伟力、宪法权威、宪法尊严的活动场域。通过集中宣传宪法,广大中小学生及广大民众可以快速了解我国的宪制发展史,真正理解我国宪法的至上法律地位和强大的法治力量,感受到宪法在保障人民当家作主、促进改革开放和社会主义现代化建设、推动社会主义法

① 全国人民代表大会常务委员会关于开展第八个五年法治宣传教育的决议[N/OL]. 人民日报,第 02 版. 2021-06-11[2024-03-15]. http://politics. people. com. cn/n1/2021/0611/c1001-32128088. html.

② 中央宣传部、司法部关于开展法治宣传教育的第八个五年规划(2021—2025 年)[N/OL]. 人民日报,第 01 版. 2021-06-16. http://politics. people. com. cn/n1/2021/0616/c1001-32131114. html.

治国家进程、促进人权事业发展、维护国家统一、民族团结、社会稳定等方面所发挥的强大力量。在“五四宪法”历史资料陈列馆基础上建设国家宪法宣传教育馆,对我国宪法教育的发展无疑具有极其重大的现实意义:第一,新中国第一部宪法的起草地是杭州,1982 年宪法,即现行宪法,是在“五四宪法”基础上修改而制定的,把新中国宪法起草地杭州作为国家宪法宣传教育馆的所在地具有历史教育意义;第二,“五四宪法”历史资料陈列馆收藏的有关“五四宪法”的资料比较齐全且规模宏大,以此为基础建设国家宪法宣传教育馆,有利于新中国宪法发展史的宣传教育。

第四章　中小学宪法教育教学实践

第一节　中小学宪法教育教学设计理念

宪法教育对中小学生来说会显得比较遥远与笼统抽象。在某种意义上，宪法教育开展的困境一定程度上是由宪法本身造成的。如何将宪法具体化，同教育实践相结合，是落实宪法教育目的与有效开展宪法教育的核心突破口。为此，提炼“贴近生活的宪法”和“以宪法为依据的生活”两个概念，注重宪法教育的生活化设计就成了宪法教育的突破口。

首先，“贴近生活的宪法”是开展宪法教育的抓手。宪法的抽象性、原则性乃至空洞性，是宪法教育的重大难题。政治教育、道德教育、法治教育，因其政治性、抽象性以及较强的说教特征，而成为公认的教学难点和痛点。为解决这个问题，必须回到教育所需要的生活场景，以受教育者“喜闻乐见”的方式进行宪法教育。即是说，中小学生的认知能力尚未成熟、社会经验缺乏，通常没有具象、直接地接触宪法实践，以远离中小学生生活的方式开展宪法教育，不可避免地会导致中小学生跟宪法教育产生距离感、陌生感，无法通过亲身参与获得具体体验。未能亲身参与以及未形成具体体验，中小学生便无法做到感同身受，理解、认可、遵从宪法便无从谈起。只有以主体熟悉或能够理解的方式进行，特定实践活动所体现的价值理念才有可能为主体所认可。对法治社会与民主社会建设而言,一个有效的民主社会需要人们将支持性价值观内化,这会促使人们对法律和政府的理念产生一定的忠诚度。因此,在实现宪法教育目的的逻辑推理中,实现"两个一百年"奋斗目标与中华民族伟大复兴,需要推进国家治理体系与治理能力现代化,国家治理体系与治理能力现代化需要以法治化的方式进行。法治化的内容之一是法治社会建设,法治社会建设的内容之一是法治教育与宪法教育,宪法教育设计需要以"生活化"的方式开展。通过生活化的方式设计宪法教育,不仅可以促使中小学生理解宪法,还可以拉近中小学生与宪法之间的距离,进而借助宪法体现社会价值以及中小学生价值观与社会价值共识之间的共同性。在实现中小学生与宪法联系的基础上,通过日常社会实践的反复实践与重复体验,促使中小学生在生活中感受宪法,或使得中小学生发现"宪法就在身边"。通过这种方式,使宪法不仅"触手可及",而且"平易近人",最终让中小学生逐渐认可宪法、养成价值观意义上的宪法意识与法治思维。

其次,"以宪法为依据的生活"是开展宪法教育的规范框架与指导原则。无论是作为规范文本的宪法,还是作为社会规范环境的宪法规范体系与实践,宪法都不是零散的分布与无序的堆积。宪法与宪法实践构造着社会规范语境,形成法治意义上的规范系统。作为现代国家治理方式,宪法是民主事实的法律化,是公民权利的保障书,也是政治力量平衡的结果。也就是说,在规范意义上,宪法确立了公民政治、社会生活的规范框架。无论是民主事实的法律化,还是政治力量的平衡,公民权利保护都是二者在宪法规范意义上的出发点与落脚点。民主事实法律化、公民权利保障书与政治力量平衡共同构成宪法规范的政治、社会生活。因此,宪法教育既需要在现行宪法及其规范体系内进行,也需要以之为指导原则进行设计,通过法律社会化的方式,借助"贴近生活的宪法"过渡到"以宪法为依据的生活”中，最终实现中小学生寻求过一种“以宪法为依据的生活”的目的。

第二节　中小学宪法教育教学设计策略

一、以案例为抓手

从学生的经验出发，将宪法的规定与生活中常见的社会事务结合起来，可以引导学生对宪法的地位和宪法精神产生理解和认同。生活经验往往是学生理解宪法的关键，因为生活意义是学生真切理解宪法的媒介，生活意义是学生所经历、体会与感知的生活本身，宪法教育包含的生活意义会让学生感受到身在其中；相反，排除生活意义会导致学生有置身事外的感受，这也是在诸多宪法竞赛、演讲比赛中学生热情洋溢、记忆牢固，却缺乏宪法意识的原因之所在。为此，中小学宪法教育需要以生活化的案例为主要抓手。

以《道德与法治》八年级下册中“公民权利”一节的案例为例：

案例一：

小云的爸爸妈妈的工资收入在当地属于中等水平，小云的爷爷奶奶每月能领到养老金，妈妈还当选为县人大代表。早餐后，小云去上学，爸爸妈妈去上班，爷爷奶奶相伴去公园锻炼。他们开始了平凡而幸福的一天。

从小云一家人的生活可以看出他们享有哪些基本权利？

1. 小云上学，体现她享有________________权。

2. 妈妈当选人大代表，体现她享有________________权。

3. 爸爸妈妈上班，体现他们享有________________权。

4. 爷爷奶奶领取养老金，体现他们享有________权。[①]

对该案例，学生首先要明晰公民基本权利包括政治权利和自由、人身自由、社会经济和文化教育权利等。其次还要了解政治权利还包括选举权与被选举权。只有这样，学生才能回答第二个问题。但这种知识点式的学习很容易变成知识点的灌输，学生能在考察中作答，却不敢、不会、不愿主动了解相关宪法实践。

案例二：

一天，警察小郑在执勤时听到有个女士高喊："快抓住那个人！他抢了我的皮包。"只见前方一个男子抱着一个皮包在街头飞奔。为了尽快追上那个男子，小郑拦下一辆摩托车，出示警察证件，说："您好！我是警察，前面有人抢劫，我想借用您的车追人，可以吗？谢谢配合！"车主二话没说把车和头盔给小郑，小郑戴好头盔，飞身上车，追了上去，很快抓获那个男子，并把他带回公安局。处理完公务后，小郑把摩托车还给车主，向他表示感谢，并告知车主可以根据法律规定向公安机关申请相应补偿。

警察征用摩托车的行为涉及公民的哪项基本权利？[②]

与案例一相比，案例二更符合生活化案例的宪法教育设计要求。因为案例二以更贴近生活的案例形式呈现，且案例事实更加详细具体，更容易为学生所理解。以生活化、情景化的方式设计宪法教学，更容易使学生代入情境。无论是案例二中的警察、抢皮包，还是摩托车、飞身上车等生活化的表述方式，都是生活中发生或可能发生的场景，这些能促使学生更好地构建想象场景，根据自己的客观经验与主观价值做出判断。即使学生不能准确表述出"财产权"等规范化表述，也能根据自己掌握的基本常识，以具象化的指称（摩

① 教育部组织编写．义务教育教科书　道德与法治　八年级　下册［M］．北京：人民教育出版社，2018：32.

② 同①，37.

托车）指出被侵犯的权利。此后，只需教师进行适当的引导，或者学生在日后的生活中学习这些内容，学生便能快速理解相关内容。

通过分析上述两个案例，我们可以发现，中小学宪法教育的设计存在如下倾向：其一，试图明确所有宪法规范内容；其二，内容设计可能因宪法规范内容本身的抽象性存在学习困境。解决上述两个问题必须首先回到宪法教育的目的本身：培育社会主义合格公民。社会主义合格公民并不要求公民掌握所有宪法法律知识，甚至不要求公民掌握规范意义上的宪法法律知识。相反，社会主义合格公民只需掌握基本的宪法法律理念与常识即可。一方面，宪法法律理念与常识往往是共通的，即使公民并不了解、熟悉宪法法律知识，也可以根据与宪法法律理念相关的常识做出符合宪法法律规定的行为。如在案例二中，即使是警察，他们也不能随便拦用公民的摩托车。该常识背后蕴含着的正是宪法的“财产权”与“公民合法的私有财产不受侵犯”的宪法理念。相反，即使是职业群体也不能熟悉所有宪法法律领域，甚至不能熟悉宪法所有领域。因此，宪法教育无须涵盖所有宪法规范内容。另一方面，宪法教育在教学设计上应以具象化、趣味性的方式展开，只要内容设计符合宪法法律的基本理念即可。例如，案例一中的选举权与被选举权，并非以人大代表为例才能说明选举权与被选举权。相反，人大代表的选举与被选举工作跟学生的生活距离较远，不容易为学生接触与理解。

仍以选举为例设计。

案例三：

新学期开学后，班主任老师组织班级进行班长、副班长、学习委员、生活委员、卫生委员、体育委员等班级干部选举。选举开始20日前，班主任老师可以为每一位同学设计班级成员登记卡，由每位同学自行填写班级成员信息（如年龄、性别、班级等），并由学生组成特定选举委员会。为使学生更深刻理解选举普遍性原则，可以故意少发学生登记卡(如特定学生热情主动,不易受打击且热心公共事务的,可选择该类学生不发放)。在发放学生登记卡时,告知学生未收到学生登记卡的,可以向选举委员会申诉。这样可以鼓励学生采取向老师申诉,或者向老师指导下的选举委员会申诉等救济方式。鼓励学生在选举15日前向选举委员会举荐或自荐为班干部候选人,班主任老师告知每一位同学可以联合推荐或者自我推荐为班长、副班长等职务的候选人。在所有程序步骤完成后,交由每一位学生进行选举,最终选出符合比例要求的班干部人选。

之所以这样设计,是因为《中华人民共和国全国人民代表大会和地方各级人民代表大会选举法》(以下简称《选举法》)第二十八条规定:“选民名单应在选举日的二十日以前公布,实行凭选民证参加投票选举的,并应当发给选民证。”[①]《选举法》的其他规定对日期、候选人提名等问题也作出了类似规定。尽管生活情境化设计要求以符合学生生活的方式进行,但不妨碍在具体内容设计上以符合现行宪法法律规定的方式安排情景案例细节。以这种方式进行模拟选举,不仅可以让学生亲身体验选举的过程,珍惜选举权,还可以鼓励学生积极参与社会实践,培育学生养成负责任的主人翁意识。

二、科学使用教材

中小学宪法教育从2016年开始,在《道德与法治》教材中设置了宪法专册,主要是六年级上册与八年级下册。专册教材这种集中教学的方式能够促使学生深入了解学习宪法知识,尤其是在学生掌握基础知识的情况下,集中教学可以强化、巩固学生的宪法知识,促使学生养成宪法意识。这是开展宪法教育的必要条件,但并不是充

① 中华人民共和国全国人民代表大会和地方各级人民代表大会选举法.中华人民共和国全国人民代表大会常务委员会公报,2020(5):820.

分条件，这并不意味着只要有宪法教育专册便能实现宪法教育的目的。

六年级上学期与八年级下学期被定为道德与法治学科当中集中学习宪法知识的时期，但这并不意味着宪法教育仅限于六年级上学期和八年级下学期。如果仅仅寄希望于这两个学期就能把学生培养成社会主义合格公民，把宪法教育完成，既不现实也不合理。在《青少年法治教育大纲》中，“分学段的教学内容与要求”部分分别对义务教育阶段、高中教育阶段、高等教育阶段的宪法教育进行了规定。在义务教育阶段，相关宪法教育阶段还细分为小学低年级、小学高年级与初中阶段。针对不同阶段的学生特点，《青少年法治教育大纲》提出了不同要求。因此，在顶层设计上，宪法专册的目的是突出宪法教育教材的主渠道功能，但并不等于否认和放弃其他阶段的宪法教育；宪法专册可以强化宪法教育，但不能替代其他阶段的宪法教育。在某种程度上，不同阶段的宪法教育具有相互依赖的关系。

不同阶段的学生有其各自的特征，学生对宪法专册的学习也需要依赖前期形成的生活经验、受教育经验来接受新的教育内容。因为人们认识事物的方式往往是借助熟悉的事物解释陌生的事物，这是人类认识事物的基本规律。因此，基于贴近生活的宪法的历时性，宪法教育需要根据不同学段的学生特点及早介入。尽管对小学而言，宪法理念过于晦涩，但一旦认识到贴近生活的宪法的含义，早期宪法教育设计并不必然要求采取宪法规范讲解的方式进行。例如，《青少年法治教育大纲》“分学段的教学内容与要求”部分指出，可以在小学低年级学习“国家象征及标志”，还可以学习“初步建立对家庭关系的法律认识。初步建立规则意识”①等内容。以建立家

---

① 教育部，司法部，全国普法办. 青少年法治教育大纲[N/OL]. 中华人民共和国教育部公报，2016-06-28.

庭关系为例，家庭是微缩的社会场景，蕴含着人际关系，涉及青少年如何认识权威（父母），如何对待父母及兄弟姐妹等问题，可以为学生未来的社会生活建立良好的社会认知。正因如此，宪法教育的设计应该科学使用教材，弱化教材的阶段性，注重全学段贯通，即使在没有宪法专册的学段也应进行适度的篇幅安排；不强调特定学期、特定教材，按照循序渐进、贯穿始终的原则，实施规范框架的宪法教育。

第三节　中小学宪法教育教学设计实施

一、“议题思考型”教学模式

对宪法课程的定位与实施而言，中小学生法律认知由低到高逐步展开，决定了宪法教育不能停留在“诉诸恐惧而守法”的刑法模式，也不能局限于邀请专业人士通过一线案例进行预防犯罪的宣讲；“犯罪预防型”法治教育同样也不能适应现代文明与法治社会的需求。因此，宪法教育的课程实施应努力向“议题思考型”教学模式靠拢。具体而言，中小学宪法课堂教学要注重启发、思考、讨论，要注重设置法治生活事例、经典法律案例，注重创设具有争议性的法律情境，引发学生对议题的分析、思考。事实上，类似的法律体验情境、法律两难情境可以促进法律认知的发展，学生参与其中既是抽象观念的内化、思维方式形成的关键，同时也是民主法治社会中最重要的生活文化。

（一）“议题思考型”教学设计的实施步骤

首先，以课程标准为核心，确定总议题。总议题是一节课的灵魂，确立高品质的议题能够高质量推进教学进程，提高教学效果。而思想政治学科的课程标准作为学科的价值载体，汇集了课标专家的集体智慧，呈现了学科知识的原理和内在逻辑，用好课标，对选择高质量的总议题能起到事半功倍的效果。

其次,把握教材,设计子议题。教材在课堂教学中起着连接价值与知识的桥梁作用。教师应精读教材,把握教材中的核心内容,树立教材的核心知识与主干知识之间的联系,在对照课标教学内容的基础上,明晰教学内容的核心问题,将教材中的知识逻辑转化为学生的认知发展逻辑,将学生在课程学习中的真实困惑切实嵌入到子议题设计中,切实满足学生不断增长的课程学习需要。

再次,分析学情,完成设计。教师可以通过访谈、观察等方式,了解学生的认知习惯、思维方式及学生的真实困惑,在把握学生认知习惯、思维方式和学习困惑的基础上,设计符合学生课程知识学习的学习逻辑,运用这一逻辑形成子议题设计的方向,并通过子议题的设置、打磨等活动,架设核心问题解决阶梯,帮助学生解决课程内容的核心问题。

例如,根据课标要求,必修三《政治与法治》第二单元“人民当家作主”的学习目标可参考下表进行整合与细化。

表 4-1 “人民当家作主”单元学习目标群

单元学习目标群	
单元学习目标 1	明确人民当家作主是社会主义民主政治的本质和核心。
单元学习目标 2	能够归纳中国特色社会主义政治制度的特点和优点。
单元学习目标 3	能够认同坚持人民当家作主、发展人民民主。
单元学习目标 4	明确我国的根本政治制度和基本政治制度的内容特点和优势。
单元学习目标 5	理解坚持和完善人民当家作主制度体系,发展社会主义民主政治必须坚持人民主体地位,坚定不移走中国特色社会主义政治发展道路,从而坚定中国特色社会主义制度自信,理解推进国家治理体系和治理能力现代化的重要性。

学习目标的确定为议题的创设明确了方向与范围,即围绕“人民代表大会如何成为人民行使权力的机关”这一线索展开。因此,教学时教师可以把该线索作为议题,并设置两个子议题——“怎样看待人大代表的作用”“人民代表大会如何实现人民的心声”。教师可以根据这两个子议题设置下表所示两个具有连贯性的真实情境。

表 4-2 子议题情境设置情况表

序号	子议题	情境
1	怎样看待人大代表的作用?	“假如我是人大代表” 河流孕育生命,许多城市都会把所在区域内的重要河流作为城市的母亲河。W 市也有一条孕育着这片土地上各族人民的母亲河——W 河。W 河孕育着一代又一代 W 市人民,更是为 W 市的发展无私奉献着。在见证 W 市成长、繁荣的过程中,她也越来越“苍老”,受到破坏、遭到污染,没有了曾经的“美丽容颜”。越来越多的 W 市百姓怀念曾经的那个“美丽的母亲”。近年来,由于 W 河的污染越发严重,W 市的百姓也受到诸多影响。W 市的百姓面对这条曾经美丽的母亲河,如今脏乱差的“臭水沟”,也有许多苦楚。请你作为人大代表以此写一份议案,在即将召开的市人大会议上提交。
2	人民代表大会如何实现人民的心声?	“感悟人大会议议程” W 市人大会议即将召开,你作为 W 市人大代表带着自己关于保护 W 河的议案参加了会议。本次会议,要审议 W 市政府工作报告……在审议、审查这些报告的过程中,你认真聆听,最后对各项报告都投了“赞成(同意)票”。

(二)“议题思考型”教学模式应注意的问题

基于议题的宪法教学设计,需要注意以下几个问题:

第一,教学设计要具有真实性。活动的设计首先要符合学生认知发展的规律。学生是活动的主体与探寻者,如果活动的设计不符合学生认知发展的规律,就会与学生产生脱离,并且会降低学生的学习兴趣甚至导致学生对宪法学习产生厌恶感。其次,课堂活动形式可以是“模拟”,但不意味着活动可以脱离现实社会完全虚构。思想政治课的一个重要任务就是培养关切社会的“人”,使学生通过课堂了解社会的发展,特别是了解中国特色社会主义的发展,认同中国特色社会主义道路,最终坚定“四个自信”。模拟性活动如果能够真实地与现实社会对照,不仅可以让学生完成学习任务,也可以帮助学生从现实的角度了解国家制度,从而把纯粹的知识获取变为价值认同,完成宪法素养的提升。

第二,教学设计要关注内容的结构性。活动的设计首先要与教学内容的逻辑保持一致,通过学科内容的结构化体现活动的结构化,要避免活动与活动之间生硬过渡、不同活动之间难以衔接的问题。其次,活动要与议题和情境的逻辑相统一,通过议题与情境的结构化体现活动的结构化。在活动设计时要紧紧围绕“议题—情境—活动”的逻辑关系,把学科内容的逻辑转化为课堂活动的逻辑,使课堂活动成为结构化的活动。

第三,教学设计要注重议题的探究性。一节课本身不会让学生对宪法的诸多价值理念有多么深入的体会,教师需要围绕主要问题以及单元目标组织学习活动,让学生进一步讨论和探索宪法,从而建构自己的宪法知识体系。课堂活动只是一个载体,最终服务于学习目标的达成,学生是课堂互动的主体,是活动的参与者与完成者,宪法教学的议题探究性体现在学生可以如同“侦探”一般在思考中、体验中、合作中完成学习。因此,具有探究性的议题思考能够激发起学生的兴趣,引发学生不断思考,激发学生内驱力,从而为任务的完成提供基础。

二、“实践体验型”教学模式

课堂上的“实践体验型”教学模式通常以角色扮演、情境模拟的方式开展。此模式注重学生实践体验,促进知行合一。

在设计“实践体验型”教学模式之前,教师需事先选取真实的情境,并预定演练目标,由学生通过不同角色的扮演,将学生置身于相关角色,将自己的思维、动作全部置于角色之中,实现角色交替,体会各种角色的感受,在角色扮演和情境模拟中思考问题的解决方式,训练法律技能、解决法律问题,达到预定的教学目标。角色扮演和情境模拟是一种低成本的法律技能教学手段,同时也是一种理想的教学方法,在学生接触真实的案件之前,通过多次角色演练来学习、掌握不同的方法和技巧,并将这些技巧运用于具体的实践中。

(一)“实践体验型”教学模式设计实施步骤

1. 基本材料的选择。

首先,“实践体验型”教学所选用的素材和情境应当与教学目标相一致;其次,“实践体验型”教学所选用的素材应当考虑现实性与客观性,一般应当选择与学生生活比较贴近的情境中的某些片段;再次,“实践体验型”教学选用的素材应当突出实用性,即学生能够通过角色的扮演或情境的模拟,充分置身于情境当中,体验角色的感受。

2. 具体实施步骤。

“实践体验型”教学模式实施方案应当包括:每次角色扮演演练的时间及课时数、角色演练的主题、情境材料、角色演练的目标或任务、事先需要完成的阅读及其他准备事项等。

【场所安排】

“实践体验型”教学演练的场所视情况而定,很多模拟演练可以在课堂上集中进行,但某些情境的体验和演练(如模拟法庭、模拟人大、模拟政协)需要提前进行场所的布置。

【角色分配】

根据情境,在每次实践教学之前应当完成角色分配工作,以保证角色演练的顺利有效进行。在进行角色分配时,既可以由学生自由选择自己想要体验的角色,也可以由教师统一指定。另外,可以安排学生为观察员进行观摩并做评论。观察员不参与情境的演练,他们的任务是观察与记录,并在其他同学演练结束后对各方表现做出分析和评价。

【学生角色演练】

在角色演练环节,学生通过表演、演练来体验各种角色的感受,学生在角色演练中应当结合所掌握的教材知识和有关技能,根据自己对情境以及宪法规定的理解,从中学习、掌握宪法法律的具体运用。条件具备的话,学生体验的过程可以进行全程录像,以利于课后进一步观摩与评价。

【观摩、评价】

相关学生在进行情境模拟或角色演练时,其他同学应充当观察员进行观摩。观察员在观察过程中应当做详细的笔记,为小组成员提供直接的、准确的反馈信息,对其模拟演练中的优缺点进行评价。这种观摩与评价本身就是一种很好的学习方法和习惯,充当观察员的学生也可以从观摩和评价中受益。

【教师指导与点评】

教师在"实践体验型"教学中的指导与点评可以分为两种基本方法:辅助型与主导型。辅助型指导以学生观察员的评价为主,教师的指导以点评为辅。具体而言,就是在学生角色模拟结束之后,由观察员对角色扮演进行充分的评价,在充分听取学生的评价之后,教师进行必要的概括和总结。主导型指导以教师的指导与点评为主，学生完成角色演练，在充分听取观察员的评价后，教师可能觉得观察员的观察与点评尚未达到教学目标要求的效果，此时，教师应当进行必要的具体点评。

3. 举例。

仍以上述“人民当家作主”单元内容为例，教师可以运用“实践体验型”教学法设计“模拟人大”活动，选取“假如我是人大代表”片段进行角色模拟教学。

【准备阶段】

模拟人大活动以人民代表大会制度的基本知识为基础，活动效果取决于教师和学生的活动准备质量，尤其是学生的知识基础。作为开展模拟人大活动的“行前课”，教师要把人民代表大会的职能、人大代表如何产生作为重难点提前向学生讲授。道法教师远离政治生活，活动前需要学习《中华人民共和国全国人民代表大会组织法》，观看全国人民代表大会会议全过程，明确模拟人大的活动流程。模拟人大活动一般包含开幕式、听取和审议学校工作报告、讨论提案、表决、闭幕式。在进行演练的过程中，并非每一个环节均要进行表演，但需要让学生知道基本的流程。

【实施阶段】

为学生设置任务。在“怎样看待人大代表的作用”情境中，可以为学生提供任务的方式来进行情境模拟。

任务 1：在小组内选一名学生作为发言的“人大代表”，并说明小组内是如何进行选举的。

任务 2：W 河污染问题已存在很长时间，有百姓反映，相关部门也在进行治理。但是，有些老百姓觉得相关部门一直“走走过场，不干实事”，现在有人找到了作为“人大代表”的你，向你诉说。请阐述作为“人大代表”，你会如何行使权利？

任务 3：说明起草保护 W 河议案的原因。作为“人大代表”，在起草议案之前,你会进行哪些准备?

任务4:简单完成一份保护W河的议案——《保护W河的建议》,并进行提案阐述。

在实施过程中,最重要的环节是提案阐述。学生获取、运用信息的能力,解释、评价、分析、判断问题的能力,沟通协作的能力,有效表达观点的能力,都可以在这一环节得到锻炼和展示。

为了保证每位学生都能进行深度学习,应尽可能地让每位学生都参与其中。因此,在设任务群时要考虑不同学生的学力情况,尽可能地评估每位学生,让所有学生都参与其中,完成他们能力范围内的任务。对其他学生,可以设置以下问题,让学生在观察之后进行思考。

问题1:大会上,其他"人大代表"也提出了建议,请其他小组继续对《保护W河的建议》进行补充。

问题2:在此次W市人大会议议程中,"人大代表"都行使了哪些权利?在参与会议的过程中,你作为"人大代表"行使了哪些权利?

问题3:最终修改完成的《保护W河的建议》要交给哪个国家机关(机构)?请阐述理由。

问题4:人大还有哪些职权?请完成全国人大相关内容的自主学习(全国人大的地位、职权,全国人大代表的构成,全国人大的常设机关及作用)。

(二)"实践体验型"教学模式应注意的问题

1. 观察、如实记录学生进行角色演练时的真实表现,并即时做出评价。

2. 在"实践体验型"教学中,教师是学习的引导者、模拟演练活动的主持人和设计者。教师要把角色演练过程涉及的专业知识和法律技能组合在一起让学生学习,打破传统的学科性教学体系,需要重新整合教学内容,同时应当提供更多的参考资料。

3."实践体验型"教学的关键是学生的演练。要增强学生的学习意识,让学生意识到角色扮演是一种学习方法,教师需要说服学生置身于角色,遵从角色要求,体验自身角色活动的内涵,帮助学生克服为表演而表演的应付心态,真正做到在"做中学"。

三、案例教学法的实施

由于宪法课具有较强的理论性和高度的政治性,且教学内容抽象、枯燥,长期以来,宪法课程并不怎么受学生欢迎,教师教学也感到极其头痛。之所以会让教师、学生两相生厌,一是因为宪法学科与生活实践的关联不如各部门法那么直接,二是因为宪法规范抽象,这更加凸显了这个学科的枯燥性。宪法远离现实生活的感觉直接导致宪法课的教学风格与民法、刑法等部门法迥然不同,使学生无法提起学习的兴致。同时,宪法所具有的高度的政治性使教师严守"端正的立场",宪法教学很容易滑入口号式及教条式的模式,甚至使学生产生"宪法=闲法"的错误认知。同时,宪法学科作为基础课程在中小学阶段开设,但囿于中小学生的理解能力和逻辑思维能力不强等因素,宪法教学效果不佳的可能性大为增加。

若因宪法课的教学效果减损了学生的学习兴趣与积极性,则可能进一步影响其后续的学习状态。因此,中小学教师在做宪法教学设计时应大量收集、使用具体、形象、生动的案例进行案例教学。针对中小学生的心理特点、思维特点以及宪法课教学的特点,中小学生宪法案例教学应当遵照"以案引法、以案析法、以法辩案"的过程进行开展。

(一)宪法案例教学法的实施

1. 案例类型的确定与运用。

案例教学法中的案例,可以分为导入式案例、例证式案例、分析式案例。这三种不同的案例类型因教学的阶段与目的不同而不同。

(1)导入式案例。导入式案例的运用是一种很普遍的教学方法,既能用于对具体规则的认知,又能用于对抽象理论的讲解。具体做法是,以一个较简洁的案例引出问题,展开具体的知识点讲授,以案例吸引学生的注意力、启发学生的思考、引导学生自主探索该知识点的结构要素与理论意旨。例如,在讲解两种平等观的类型——形式平等观与实质平等观时,教师可以以"男女退休年龄不平等案""身高就业歧视案"等为例引导学生体会并探讨对平等观的两种理解方式。

(2)例证式案例。例证式案例是指在讲解完具体的知识点之后,为了加深学生对知识点的理解与运用,帮助学生找到理论与实践的联结点,教师以讲解案例的形式使学生直观地感受抽象的知识点被运用到具体实践中的过程。例如,可以利用"孙志刚案"向学生讲授法律保留原则。该案例很容易让学生理解如何适用法律保留原则。不过,例证式案例教学法有一定的局限性,即或许因为不需要思考,学生很容易在具体知识点和具体问题之间建立起联系。但在法律实践运用的过程中这并不是常态。虽然知识点可以更直观、更清晰地展现,但这种讲完知识点就立即使用案例的方法不能很好地锻炼学生掌握法律适用的能力。

(3)分析式案例。分析式案例是指在讲授完一课或某一版块的综合知识点之后,将某个完整的案例交由学生进行分析并提出解决方案,以此考查学生的理解、判断、分析等综合能力。分析式案例需要提前把案例选好发给学生,无论是挑选案例,还是分析案例,教师和学生在此过程中都需要投入大量时间和精力。这种互动式的做法对教师和学生的要求都比较高。

2. 如何挑选案例。

挑选案例是一个需要慎重对待的过程,因为它作为案例教学法的核心载体,会直接影响教学实践的效果。因此,在挑选案例时可以遵循以下策略。

首先,应当选择具有代表性和典型性的案例。这些案例通常具有较大的社会影响力,对宪法制度的体现也更为突出。选择这些案例作为讨论对象,不仅可以引起学生的兴趣,还可以增强他们对宪法制度的理解。

其次,挑选具有针对性的案例。这些案例可以起到“以案引法、以案析法、以法辩案”的效果,因为它们与宪法教材中的特定章节或具体知识点相对应,从而能够帮助学生有针对性地进行强化辨析学习。

再次,选择难度逐渐增加的案例。所选择的案例应该由浅入深、循序渐进,难度级别各不相同。所选案例应该涵盖以下几种类型:单纯适用某一宪法规则的案例;需要综合适用多个宪法规则或宪法性法律的案例;以及需要在宪法规则之外结合宪法原则和宪法理念的案例。

最后,选择适合进行深入讨论的案例。这些案例通常具有明确的问题意识,可以引导学生运用所学的宪法知识去解决问题,并对宪法思维进行训练。然而,对这些具有争议性的案例,教师在教学过程中首先要慎重选择,其次在讨论过程中要注意引导学生理清思路,形成问题意识,这样才能有效提升学生的思维能力和运用法律解决问题的能力。

3. 课前准备。

课前准备分为教师的课前准备和学生的课前准备。教师的课前准备需要注意以下三点:首先,按照前述思路精心选择和准备案例,并将案例向学生做简单的初步介绍,最好把相关资料提前发给学生。其次,让学生以案件涉及的各方为标准进行分组分工,角色的分配要合理恰当。如果课时充足,不妨采取小组轮换或角色轮换的方式,以便全面训练学生各方面的能力,同时提高课堂教学的参与度。最后,教师应提前做好案例分析的相关准备工作。教师应提前熟悉案情,弄清案件是否具有较大的争议,案件应该从什么角度进行分析,案件的主要焦点在哪儿,可能会适用到的相关宪法原理、宪法条文规范,案件的社会影响,案件对宪法制度及宪法学科的影响和思考。另外,要特别提醒的是,教师虽然做了充足的课前准备,但这些准备是为了在课堂教学中对学生进行引导,而不是用于课堂讲授。教师需时刻谨记,学生才是课堂教学的主体,教师仅仅是组织者。

学生的课前准备工作主要有以下内容:首先,阅读教师所发的案件相关材料,熟悉案情,这是做案例分析的基础;其次,将案件中的法律关系一一列出,对争议焦点进行明确判断;再次,分小组讨论案情,分工查找跟案例相关的法律法规及法理,寻找解决问题的方法和思路;再次,分工撰写小组报告;最后,汇总、汇报案例分析成果,形成分析报告。

(二)案例教学法应注意的问题

课堂教学的主体是学生,教师是课堂的组织者和引导者,课堂组织的质量直接影响教学实施的质量,在案例讨论课中尤其如此。案例讨论课需重视以下几个环节的组织:第一,分组及分配主题,即安排各小组围绕主题进行发言。第二,各小组自由讨论,交互提问并回应。讨论过程中,教师需重点提醒学生,讨论的重点应是法律问题而非事实问题。因为事实问题的认定主要通过证据的收集和程序性规则的运用,而我国目前尚未有宪法诉讼,因此,该职业技能并非必须具备,且宪法学授课对象为中小学生,因其未学习相关的程序法课程,完全不具备相应的知识储备,课堂讨论环节是无法运用的。第三,组织者应注意引导学生围绕主题,并适时补充提问或补充回应。作为组织者的教师,除对明显的错误适时给予纠正以外,不能将自己的观点和分析当成标准答案强加给学生,若出现观点分歧,应把分歧作为引导学生思考的契机,鼓励学生通过理论分析和逻辑判断形成自己的观点。第四,总结,即小组观点总结加教师总结。小组观点可由小组推选代表进行总结发言,教师在各小组总结后进行重点的提炼和观点的提升。第五,各小组将讨论的过程及研讨结果形成简单的分析报告提交给教师。第六,教师对学生的课堂呈现及分析报告进行客观科学的评价,以推动案例教学的可持续性。

第五章　中小学宪法教育优秀教学设计范例及评析

第一节　“认识宪法”相关教学设计范例及评析

“感受宪法日”教学设计

设计者：谭庆燕[①]　指导教师：艾艳敏[②]

一、指导思想和理论依据

（一）指导思想

《义务教育道德与法治课程标准（2022 年版）》中“第三学段（5—6 年级）”法治观念方面的学段目标是：“知道宪法，感受宪法对社会和生活的重要性，形成初步的法治意识”“了解公民的基本权利和义务，树立权利和义务相统一的观念。”[③]

---

① 谭庆燕，北京市门头沟区大峪第二小学道德与法治学科教师，正高级教师，北京市学科带头人。

② 艾艳敏，北京市门头沟区教育研修学院小学道德与法治研修员，正高级教师，北京市学科带头人。

③ 中华人民共和国教育部. 义务教育道德与法治课程标准（2022 年版）［M］. 北京：北京师范大学出版社，2022：13.

（二）理论依据

1. 项目式学习让学生建构并生成自己的新认知。

项目式学习一般由一个驱动性问题引起，这个“问题”作为学习者的学习焦点或困惑，驱使学生自主、积极地不断深入接近学科的核心概念和原理，从而促进自己的身心发展。本课把围绕“宪法日”的几个问题抛给了学生，学生的一系列活动就是在用自身的知识与已有经验构建新的认识与经验。因此，本课突出学习过程中以学生为中心的特点。

2. 杜威的“教育即生活”理念。

杜威在《我的教育信条》中写道：“我相信，只有通过共同生活情境中的要求来对儿童的能力提出挑战的教育，才是唯一真实的教育。”①教育是一种培养人的社会活动，是一种特殊的生活方式，从一开始就源于生活，在生活中发展，并以促进生活水平的提高为目标。杜威的“教育即生活”观认为，教育必须依赖于生活并改善现实生活；通过教育可以使儿童获得更好的发展，从而使儿童具备构建美好生活的知识和能力。

二、学情分析

（一）已知内容

教学对象是小学六年级学生。自国家宪法日确定以来，各个学校、社会各界每年都结合主题开展不同形式的活动。比如说，2020年12月4日的国家宪法日，本校开展了“法官说法”主题活动；本校有每周一歌的校俗，即在每周的同一时间所有师生在学校的统一安排下齐唱一首歌，歌曲的选取一般根据当下社会背景或主题确定。自国家宪法日确定以来，每当遇到宪法日的这一周，学生都会高唱

① 约翰·杜威. 我的教育信条[M]. 彭正梅，译. 上海：上海人民出版社，2017：1.

《宪法伴我成长》这首歌;在本册第一课的学习中学生已经接触或感受到了一些法律知识……综上分析,学生对"宪法"及"宪法日"并不陌生,有一定的认知基础。

(二)未知内容

通过调研发现,学生对设立国家宪法日的意义、每年国家宪法日的活动主题等方面的认识基本属于空白。因此,在课堂活动中需要多加关注。

(三)能知内容

通过课堂活动学生能知晓的内容如下:能从宪法日的氛围中感受宪法的重要性,提高自己的法律意识;能对宪法有进一步的认识和感受;有依据宪法日的主题响应国家号召、结合主题做力所能及的事情的愿望。

三、教材分析

(一)既定教学内容

"感受宪法日"是《道德与法治》六年级上册第一单元第二课《宪法是根本法》中的第一个话题,①教师可以根据学生及其他方面的情况来确定学习课时,可以用一个课时完成,也可以分两课时进行学习。

(二)实际教学内容

1. 课时的划分。

在实际的教学中,教师将相关内容划分为两课时。第一课时

---

① 教育部组织编写. 义务教育教科书　道德与法治　六年级　上册[M]. 北京:人民教育出版社,2021:12.

力求围绕“日”来帮助学生体会与感受;第二课时力求围绕“法”来引导学生体验与探究。本次教学设计完成的是第一课时。

2. 内容的组合。

在进行内容的组合时,第一课时尽可能把关于“宪法日”的内容整合在一起。涉及宪法规范的内容比较多,故安排在第二课时完成。

(三) 具体内容的分析

教材呈现的是别人眼中的“宪法日”,如何把别人眼中的内容变成自己眼中的内容是这部分的关键。本课时旨在引导学生通过认识宪法日感受宪法的重要性,体会宪法与人们生活的关系,培养学生的法治意识。教材呈现的是每年国家宪法日的活动主题,目的是引导学生在了解主题内容的同时,帮助学生感受活动主题是随着时代的发展而变化的,由此号召学生响应国家号召,明确作为学生应该如何做。教材介绍了一些宪法常识。这些常识在第一课时中已有所渗透,但大部分内容放置在第二课时。本页内容还阐述了国家宪法日设立的重要意义。教材对宪法日的描述很抽象,需要学生有一定认知基础才能理解第一课时中的所有安排。

四、教学目标与重难点

(一) 教学目标

1. 借助宪法日活动,激发学生对宪法的兴趣。

2. 提高学生主动了解宪法的意识,树立尊重宪法、学习宪法的观念。

3. 初步了解与宪法有关的常识,知道宪法是我国的根本法。

(二) 教学重难点

1. 确定依据。

宪法日是一个新兴的纪念日。

“宪法”对学生来说陌生又熟悉。

2. 教学重难点。

教学重点：体会设立“宪法日”的意义。

教学难点：提高学生的宪法意识，帮助学生树立宪法观念，培养法治思维。

五、学习评价设计

（一）评价方式

1. 对教师的评价方式。

评价方式主要包括：突破重难点的方式方法是否恰当；对课堂是否具有一定的调控能力；在课堂活动中，是否关注学生的实际获得；是否捕捉到有效的生成资源且更好地加以利用；在课堂活动过程中，是否调动学生全员参与；是否搭建了学生参与的平台等。

2. 对学生的评价方式。

及时评价：对学生的思维方式、回答准确度、小组活动情况、参与课堂活动的积极性等进行评价。

作品评价：对学生完成的作品是否能说明一定的问题、是否具有一定的创新性、是否具有一定的现实意义、作品能否体现一定的法治意识提升等进行评价。

（二）学生评价内容

表 5-1　学生评价内容表

评价内容	评价标准		
	非常好	较好	一般
情感与态度	在参与过程中，积极主动	在参与过程中，比较积极主动	欲望不足，听之任之

续表

评价内容	评价标准		
	非常好	较好	一般
知识与技能	对宪法日的设立理解到位	对宪法日的设立理解基本到位	对问题的认识停留在原有认知层面
过程与方法	在体验研究活动中,有方法	能按基本要求进行体验探究活动	人云亦云

六、教学过程

(一)借助日历　引入宪法日

1. 出示日历。

教师:观察一下每年的12月4日是什么日子?

(板书:宪法日)

2. 头脑风暴。

教师:关于"宪法日",你们想了解些什么?

学生1:为什么要设立宪法日?

学生2:在宪法日这一天要干什么?

学生3:宪法日和我们有什么关系?

……

过渡:今天,我们一起来感受一下宪法日。

(板书:感受)

【设计意图】

通过对生活的梳理,培养学生的观察与归纳能力,自然引出新课的主题。

(二)利用生活　感受宪法日

1. 初识宪法。

教师:在感受宪法日之前,先认识一下宪法。

【活动要求】

请组长双手取出盒子里的《宪法》，观察、抚摸、简单翻阅；然后双手传给小组中的下一位同学。下一位同学双手接过，观察、抚摸、简单翻阅。其他同学照此进行。最后一位同学活动结束后将《宪法》放回原位。

【提问交流】

你们有什么发现或者有什么感受？

学生1：《宪法》的封皮是鲜红的，里面有关于国旗、国徽、首都等的阐述。

学生2：页数很少，心里却感觉很厚很重。我浏览到里面有告诫我们要遵守劳动纪律、公共秩序、尊重社会公德的内容。

学生3：好像是珍品一样，大家都小心翼翼的。

教师小结：《宪法》是个“好老师”，它告诉我们，我们的国旗是五星红旗，国歌是《义勇军进行曲》，国家的首都是北京；《宪法》也是个“好教官”，它告诫我们要遵守劳动纪律、公共秩序，尊重社会公德……页数不多的《宪法》让我们觉得它很厚很重，这究竟是为什么？让我们从“宪法日”中找找答案吧！

2. 走近宪法日。

环节一：回顾2020年12月4日

教师：同学们，接下来我们“穿越”到2020年12月4日这一天，看一看你们有什么发现？

（播放视频——由宪法日这一天的活动及宣传照片编辑而成的视频。）

（小区里的宣传栏+马路上的宣传板+不同学校的孩子们进行的宪法晨读+书店里的宪法图书专区+不同单位举行的庄严的宪法宣誓仪式+法官进校讲宪法+中学生宪法知识竞赛+高中生宪法故事演讲+小学生关于宪法的手抄报展览+教育部副部长田学军来到“宪法

晨读”活动北京主会场,带领学生一字一句地朗读宪法的部分条文+电视里关于宪法日的新闻报道+公交车可视化电视关于宪法的宣传+学校里回荡着《宪法伴我成长》歌曲)

教师:说说你们的发现与感受吧!

学生1:人们很重视这个日子,宪法在大家生活中的地位很高。

学生2:在这一天,大家都在以不同的形式了解宪法,有些人在宣传宪法。

学生3:来自不同地方的不同的人们都在做同一件事。

……

教师小结:我们发现,在12月4日这一天,大街小巷、男男女女、老老少少、各行各业都在以不同的形式学习和普及宪法知识。

环节二:理解宪法日设立的意义

问题1:为什么在宪法日这一天来自不同地方的人们都在以各种方式进行着关于“宪法”的不同活动呢?

学生1:为了让更多的人记住宪法。

学生2:知道法,才能守法。

学生3:我知道这样一句话:“宪法是国家的根本法。”我国的法律都是依据宪法制定的。设立宪法日的目的是让每个人都了解宪法,然后在日常生活中遵守宪法。知法是守法的前提和保障。

(发言之星:学生3。推荐理由:能结合大家的发言进行思考,知识面广,考虑问题有深度。)

教师小结:国家宪法日的设立,不仅是增加了一个纪念日,更是全民的宪法教育日、普及日、深化日。

(板书:纪念日　教育日　普及日　深化日)

别看宪法只是一本很薄的红皮书,但它是我们国家的根本法,是其他法律的母法。比如说,我们能享受到《中华人民共和国义务教育法》的保护;走在路上,我们能享受到《中华人民共和国道路交通安全法》的保护；到饭店吃饭，我们能享受到《中华人民共和国食品安全法》的保护，而这些保护我们的法律都是《宪法》的子法。宪法日有助于营造举国上下尊重宪法、宪法至上、用宪法维护人民权益的社会氛围。

（板书：尊重宪法　宪法至上）

问题2：说说你对“国家宪法日不仅是每一个公民的权利宣言日，也是官员的权力规范日”这句话的理解。

学生1：不管是老百姓，还是官员，宪法面前人人平等。

学生2：每一个人都必须了解宪法，这样才能在自己的岗位上做一个守法的公民。

学生3：官员更应该了解宪法，为大家树立榜样。

（发言之星：学生1。推荐理由：充满对宪法的信任。）

教师小结：宪法日设立的目的是进行法治宣传教育，既要进行宪法知识的普及，又让每一个公民了解、掌握和熟悉宪法，加强每一个公民的宪法观念。

问题3：国家宪法日一年只有一天，我们只需在这一天加强对宪法的认识就够了，对吗？

学生1：在这一天能做好也是一种进步。

学生2：这一天只是对我们的一个提醒，不仅要在这一天加深对宪法的认识，时时刻刻都要这样做。

学生3：我们可以结合生活中发生的事情加强对宪法的认识。在第一课中，我们已经了解到法律就在我们身边，我们要善于观察、善于分析，时时养成遇事找法的习惯。

（发言之星：学生2和学生3。推荐理由：关注到了时时学法、处处有法；能联系旧知识分析新问题。）

教师小结：丰富多彩的宪法宣传教育活动当然不能只停留在“宪法日”这一天，我们要联系自己的生活，时时处处学习宪法、了解宪法、宣传宪法，以保证宪法的有效实施。

过渡：12 月 4 日是中国的宪法日，其他国家有宪法日吗？

环节三：关注国外宪法日　培养国际视野

表 5-2　各国宪法日时间及活动

国家	宪法日	活动
美国	9 月 17 日	当天一般会举办新公民入籍等仪式；学校会提供爱国午餐；在重要的周年纪念日，总统还会发表讲话。
丹麦	6 月 5 日	将宪法日设定为法定节假日。这一天，丹麦到处悬挂国旗，并会在公共场所举办集会。
挪威	5 月 17 日	这一天也是挪威的国庆日，各界群众通过组织巡游等形式进行纪念。
俄罗斯	12 月 12 日	组织多种多样的庆祝活动，包括总统演讲、群众游行和选美活动等。
波兰	5 月 3 日	通过纪念英烈、授勋、阅兵等形式进行纪念。

课堂交流：你们有什么发现与感受？

教师小结：每个国家对自己国家的宪法都很重视，都会在国家宪法日这一天通过举办一系列大型活动加强人们对宪法的认识与熟悉，力求将宪法意识根植于每一个公民的心里。

【设计意图】

通过认识宪法、走进宪法日、结合宪法日的相关讨论、拓展资料等活动，一方面引领学生了解宪法常识，另一方面引导学生树立尊重宪法、学习宪法的观念。

过渡：为了帮助人们更好地学习、理解宪法，我国每年的国家宪法日都有特定的活动主题。

(三)结合主题　明确言行

1. 活动要求。

· 仔细阅读每年国家宪法日的主题,并说一说其中的含义。
· 为了响应国家号召,作为学生,我们应该怎么做?
· 结合你们的讨论,围绕其中的一个主题,撰写一份倡议书。

图 5-1　活动要求

2. 活动资料。

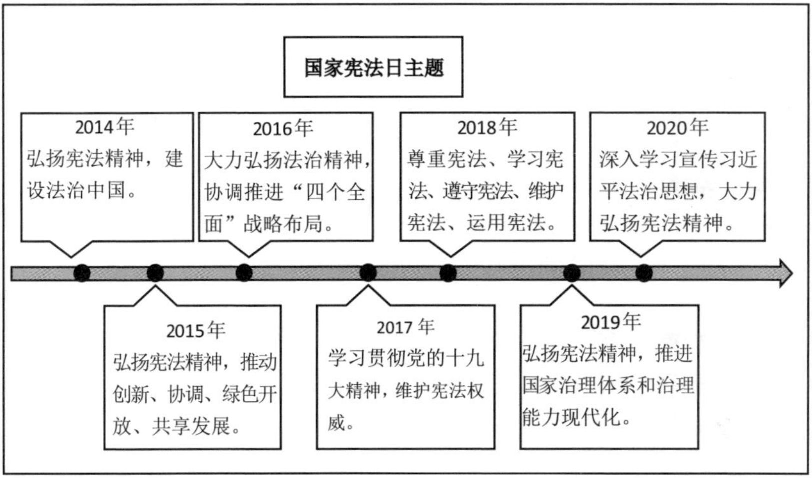

图 5-2　国家宪法日主题

3. 学生活动与交流(见附件 1 学生作品)。

小结:每份倡议书都会有一个目标、一个行为,让我们小手拉大手,时时处处用自己尊法、守法的行为表达对宪法的敬仰之情。

4. 教师追问:通过刚才对活动主题的研究,你有什么启示或收获?

小结:宪法日主题的不断调整变化与时代的发展、国家的发展变化和国家法治建设密切相关。希望同学们积极响应国家号召,做一些力所能及的事情。

5. 畅想明天。

任务1:同学们,今年的国家宪法日还没有到来,设想一下,今年国家宪法日的主题会是什么,并说说你的理由。

任务2:今年的宪法日恰逢周日,结合你预测的主题及自己的情况,在今年的国家宪法日到来之际,你打算用什么行为体现主题活动?(在相应的方框里打√)

(见附件2学生作品)

1. 2021年国家宪法日的主题:____________________
2. 设置理由: ____
3. 我能做到: ①结合主题,发布一份倡议书(　　) ②结合主题,设计一条宣传语(　　) ③结合主题,制作一份手抄报(　　) ④结合主题,阅读《宪法》中的法条(　　) ⑤结合主题,帮助社区进行《宪法》的宣传活动(　　) ⑥给弟弟或妹妹唱《宪法伴我成长》(　　)

图5-3　主题活动

教师小结:我们触摸《宪法》的时候,有的同学说红皮的《宪法》很薄,在我们的心中它却很厚、很重,这份厚重中饱含着它对全国人民沉甸甸的爱,也饱含着它对治国安邦的使命和责任,它有着让我们每个人都肃然起敬的分量。所以,我们要争当尊法小先锋、学法小标兵、护法小卫士,在宪法日即将到来之际献出自己的一份力。

【设计意图】

通过对活动主题的了解及对未来的畅想,明确学生响应国家号召的自觉行为,将尊法、学法、护法融入学习及生活中。

板书设计:

感受宪法日
12月4日:国家宪法日
教育日　普及日　深化日
尊法小先锋　学法小标兵　护法小卫士

图5-4　感受宪法日

七、教学反思

(一)特色

1. 有效借助生活,提高学生的法治意识。

生活是教育的最好素材,本节课力求让学生的生活发挥其最大的价值,有效帮助学生认识、感受、体会宪法日的重要意义。在导入环节中,将以往的日子用日历的方式呈现,把过去的生活用科学的方法进行梳理,有效的教学方式使学习过程变得轻松、有趣且有效。"我眼中的宪法日"环节,教师借助信息技术巧妙地将以往的生活或他人眼中的生活变成学生自己眼中的内容,一个角度的转换,换来了学生情感方面的收获,激发了学生的学习热情。"畅想明天"环节,鼓励学生在对以往宪法日活动主题的理解之上畅想今年的活动主题,一方面是对学生所建构的新知的考验,另一方面是对其行为的督导。

2. 合理安排活动,培养学生的法治思维。

在激发学生对宪法的敬仰之情时,安排了"取、摸、看、放"几个动作,别看动作很简单,但放在一定的情境中完成会显得格外庄重。活动的过程帮助学生感受到了庄严与肃穆,实现了活动效果,提高了学生对宪法的认识。在结合问题进行讨论的环节,教学不仅停留在讨论与交流上,还引导学生选出"发言之星"并说明推荐理由。这一系列过程会督促学生认真说、仔细听、积极想,由此提高学生的法治观念、培养学生的法治意识，有效提高学生的法治思维能力。

（二）课后反思

1. 在整个课堂教学过程中，教师十分注重学生观察能力、分析能力及归纳能力的培养，在能力培养过程中帮助学生认识、体验及感悟宪法，从而提高了课堂的教学实效。

2. 在课堂活动中，有效地培养了学生的信息素养，督促学生关注生活中的日常，养成对生活进行思考及创造性生活的意识及习惯。

3. 在和生活相联系的过程中，巧妙进行了法治思维的渗透，帮助学生成为尊法小先锋、学法小标兵等。

附件 1　学生作品：

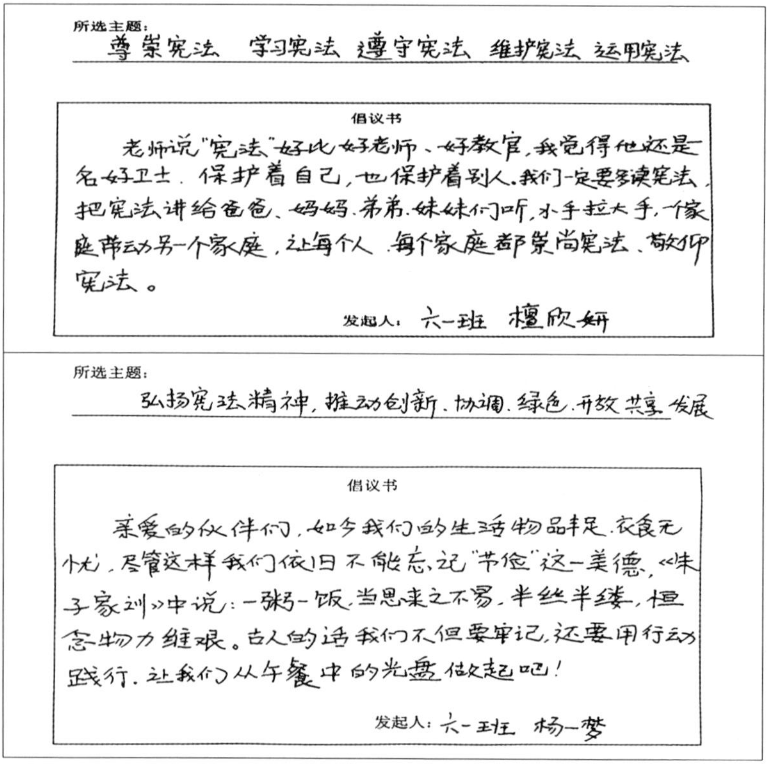
所选主题：尊崇宪法 学习宪法 遵守宪法 维护宪法 运用宪法

倡议书

老师说"宪法"好比好老师、好教官，我觉得他还是一名好卫士。保护着自己，也保护着别人。我们一定要多读宪法，把宪法讲给爸爸、妈妈、弟弟、妹妹们听，小手拉大手，一个家庭带动另一个家庭，让每个人、每个家庭都崇尚宪法、敬仰宪法。

发起人：六一班 檀欣妍

所选主题：弘扬宪法精神，推动创新、协调、绿色、开放、共享发展

倡议书

亲爱的伙伴们，如今我们的生活物品丰足，衣食无忧，尽管这样我们依旧不能忘记"节俭"这一美德，《朱子家训》中说：一粥一饭，当思来之不易，半丝半缕，恒念物力维艰。古人的话我们不但要牢记，还要用行动践行。让我们从午餐中的光盘做起吧！

发起人：六一班 杨一梦

图 5-5　学生作品

附件 2　学生作品：

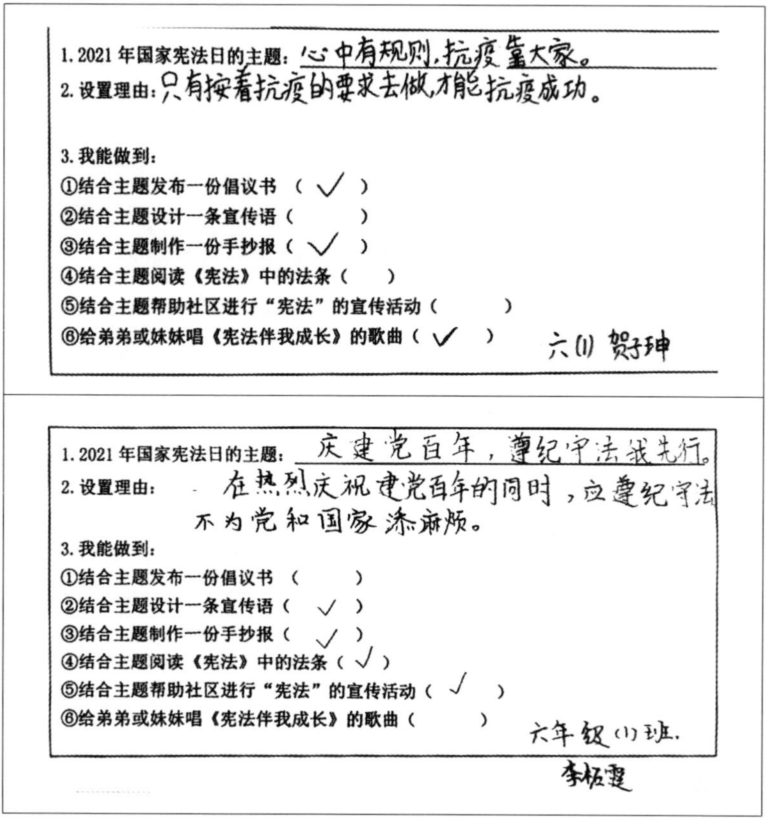

1. 2021 年国家宪法日的主题：心中有规则，抗疫靠大家。
2. 设置理由：只有按着抗疫的要求去做，才能抗疫成功。
3. 我能做到：
①结合主题发布一份倡议书（ √ ）
②结合主题设计一条宣传语（　　）
③结合主题制作一份手抄报（ √ ）
④结合主题阅读《宪法》中的法条（　　）
⑤结合主题帮助社区进行“宪法”的宣传活动（　　）
⑥给弟弟或妹妹唱《宪法伴我成长》的歌曲（ √ ）
六(1) 贺子珅

1. 2021 年国家宪法日的主题：庆建党百年，遵纪守法我先行。
2. 设置理由：在热烈庆祝建党百年的同时，应遵纪守法不为党和国家添麻烦。
3. 我能做到：
①结合主题发布一份倡议书（　　）
②结合主题设计一条宣传语（ √ ）
③结合主题制作一份手抄报（ √ ）
④结合主题阅读《宪法》中的法条（ √ ）
⑤结合主题帮助社区进行“宪法”的宣传活动（ √ ）
⑥给弟弟或妹妹唱《宪法伴我成长》的歌曲（　　）
六年级(1)班. 李板霆

图 5-6　学生作品

◎范例评析

“感受宪法日”这一教学设计很好地体现了《青少年法治教育大纲》的要求，即法治教育要以宪法教育和公民基本权利义务教育为重点，要遵循青少年身心发展规律，贴近青少年生活实际的工作要求，帮助学生建立对宪法的法律地位和权威的初步认知。从整体设计看，主要体现出以下几个特点：

一是准确地把握了教材的设计意图，突出了宪法教育的主旨。

教材是教学的重要资源,教师能够从教材呈现的我国及其他国家宪法日的活动中,认识到教材的设计意图旨在以生活中的宪法宣传教育活动,帮助学生认识到宪法与人民生活、国家治理息息相关,认识到宪法是治国安邦的总章程,突出了宪法教育的主旨,即帮助学生认识宪法的法律地位和权威。

二是精心地创设了问题情境,引导学生领悟宪法的地位。从教学设计看,教师通过精心设计问题情境,将教材资源、社会资源及学生生活资源巧妙地转化为有利于学生学习和思考的教学活动,用日历引出宪法日、传递《宪法》感受庄严、宪法日活动的视频集锦、宪法日主题的思考、各国都有宪法日的启示……每一个活动都伴随着学生的观察和思考,教师适时追问、点拨,引导学生领悟宪法是根本法的地位,帮助学生树立宪法意识。

教师从学生对宪法日的感受出发,以问题引发思考,体现出法治专册学习重在落实宪法意识、公民意识和国家意识教育,以丰富的活动让严肃的宪法教育融入学生的生活和思考,培育学生的法治思维。在宪法宣传日和宪法宣传周的把握上,教师还可以进一步完善。

"宪法是根本法"教学设计

杨倩①

一、指导思想和理论依据

《义务教育道德与法治课程标准(2022 年版)》中"第三学段(5—6 年级)"法治观念方面的学段目标是:"知道宪法,感受宪法对社会和生活的重要性,形成初步的法治意识""了解公民的基本权利

① 杨倩,北京市西城区师范学校附属小学道德与法治学科教师,一级教师。

和义务，树立权利和义务相统一的观念。”①

二、学情分析

本课授课对象为小学六年级学生。他们的求知欲和好奇心强，并能尝试辩证地看待问题。但他们正处于刚进入青春期或即将进入青春期的阶段，世界观、人生观尚未形成，生活经验缺乏，是非判断能力较差，自我控制能力不强，思想容易受到外界影响，做事易冲动。因此，大力普及法律教育，帮助他们树立法治意识是十分必要的。

刚升入六年级的学生对宪法知识了解有限，而这些知识理论性较强，离学生的生活实际比较远，学生容易觉得内容枯燥，因此课堂会比较沉闷。教师要通过创设情境，组织形式多样的活动，引导学生充分发挥主观能动性，积极参与、讨论、探究。

三、教材分析

本课是统编版《道德与法治》六年级上册第一单元的第二课，紧扣宪法，对宪法的序言、总纲等进行了科学、系统的描述与生动、形象的介绍，从宏观角度与法治体系层面引导学生初步认识法律和法治。

本课一共分为三个课时，分别以“感受宪法日”“宪法具有最高法律效力”“树立宪法权威”这三个版块展开，初步培养学生的宪法意识，了解宪法的地位，引导学生运用这些知识简单地分析生活中与宪法有关的现象。让他们愿意学习、掌握宪法知识，尊重宪法权威，明白社会中的各个主体必须以宪法为根本的活动准则，不做违

① 中华人民共和国教育部. 义务教育道德与法治课程标准(2022 年版)[M]. 北京：北京师范大学出版社，2022：13.

反宪法的事。

四、教学目标与重难点

(一)教学目标

政治认同:认识到宪法是治国安邦的总章程,是党和人民意志的集中体现,愿意用行动宣传和维护宪法。

责任意识:了解设置宪法日的意义,树立尊重宪法、遵守宪法、维护宪法的责任意识。

法治意识:初步认识宪法,了解宪法的基本知识,感受宪法对社会生活的重要性。

(二)教学重难点

教学重点:了解设置宪法日的意义,了解宪法的基本知识,感受宪法对社会生活的重要性。

教学难点:树立尊重宪法、遵守宪法、维护宪法的责任意识。

五、学习评价设计

表 5-3　学习评价表

"感受宪法日"评价表		
评价要点	**分值**	**总分**
知道我国宪法的制定时间。	20 分	
知道我国宪法的制定主体。	20 分	
知道我国宪法日的时间。	20 分	
能说出一项及以上宪法赋予我们的权利。	20 分	
能说出一项及以上宪法赋予我们的义务。	20 分	
积极主动参与社区普法宣传活动,并获得好评(实践加分)。	50 分	

六、教学过程

环节一：观《战狼 2》，初识宪法

（一）导入

1. 播放《战狼 2》情节片段，谈感受。

教师引导：同学们，在看到这一幕时老师的心情和大家是一样的，感到非常激动和自豪，那大家想不想了解《战狼 2》背后的真实故事呢？

2. 观看视频，了解《战狼 2》背后的故事。

（二）交流反馈，初识宪法

教师提问：为什么在发生战乱时，中国大使馆要动用如此多的人力、物力和财力把远在非洲利比亚的中国同胞接回或撤离？

预设：因为我们国家要保护自己的公民。

教师引导：是的，因为他们是中国同胞，是我国公民，我们国家要保护自己的公民。我国宪法规定，中华人民共和国保护华侨的正当的权利和利益。因此，无论身在何方，只要是中华人民共和国公民，都会受到国家的保护。保护每一位中国公民的合法权利，也是我们国家制定宪法的根本目的。

请同学们齐读《宪法》第三十三条和第五十条：

学生活动：齐读宪法。

"凡具有中华人民共和国国籍的人都是中华人民共和国公民。中华人民共和国公民在法律面前一律平等。国家尊重和保障人权。任何公民享有宪法和法律规定的权利，同时必须履行宪法和法律规定的义务。"

"中华人民共和国保护华侨的正当的权利和利益，保护归侨和侨眷的合法的权利和利益。"

教师小结：看，远在异国他乡，就因为宪法有这样的规定，中国公民就能得到保护。那么，宪法是什么呢？今天我们就来一起学习第二课《宪法是根本法》。

（板书：宪法是根本法）

【设计意图】

从学生感兴趣的电影入手，引出宪法话题，消除学生对宪法的心理距离感。

环节二：读原本，明宪法精神

（一）走近宪法宣传日

教师提问：同学们听说过宪法日吗？每年的 12 月 4 日是我国的宪法日。大家想一想，国家为什么要设立一个专门的宪法日呢？

（学生先自由发言，表达自己的看法，教师适时出示课本第 12 页的文字，引导学生阅读，了解国家设立宪法日的原因。）

教师小结：我国现行的宪法是 1982 年 12 月 4 日颁布的。2014 年，我国正式将 12 月 4 日设立为国家宪法日。国家设立宪法日的目的是尊重宪法，普及宪法和法律，营造宪法至上、用宪法维护公民权利的社会氛围。

教师引导：因为宪法是我国的根本法，所以全国上下都非常重视宪法日。在中国人大网上，专门设立了“国家宪法日专题网页”。

（出示课本第 12 页“国家宪法日”专题网页图片。）

教师引导：国家设立宪法日，不仅仅是停留在口头上，每年 12 月 4 日国家宪法日到来之时，各级政府、企事业单位和社区都会开展一些宣传宪法、普及宪法的活动。下面就让我们通过一段微视频走近宪法日。

（播放微视频《走近宪法日》，学生观看视频。）

教师提问：同学们，从这段视频中大家看到了什么？知道了什么?

预设:看到宪法日当天很多地方都在举办纪念活动。

教师引导:是的,宪法日当天很多地方都要举行纪念活动。大家可以回忆一下,在我们身边,同学们都见到过哪些与宪法相关的纪念活动呢?

(学生回忆生活中见到的宪法纪念活动,教师辅以照片,强化学生的印象。)

(出示图片)

图片一:向中小学生、社区居民宣讲宪法知识;

图片二:组织公务人员举行宪法宣誓仪式;

图片三:举办报告会、座谈会;

图片四:举办宪法知识竞赛;

图片五:开展宪法征文活动;

图片六:通报违宪违法案件;

图片七:依托电视台和网站,组织开展与宪法相关的文艺活动,等等。

教师小结:看,宪法离我们并不遥远。只要我们仔细观察,就会发现宪法其实就在我们身边。

【设计意图】

引导学生了解网页上的内容,进一步体会党和国家对宪法的重视。引导学生观看宪法日视频、宪法纪念活动照片,帮助学生进一步强化宪法就在身边的印象。

(二)宪法是国家的根本法

教师提问:每年的宪法日我们都会开展很多宪法活动来纪念或宣传宪法。那么宪法是什么?它为什么那么重要呢?在我们国家的法律体系中,它有着怎样的地位呢?

教师引导:请大家打开《宪法》目录,读一读,看看宪法由哪几部分内容组成?

(小组合作学习,完成学习任务。)

预设:发现《宪法》总共有五部分内容,分别是“序言”“总纲”“公民的基本权利和义务”“国家机构”“国旗、国歌、国徽、首都”。

教师引导:请在宪法序言中标出你认为最能代表宪法地位和意义的一句话,并说说理由。

预设:宪法以法律的形式确认了中国各族人民奋斗的成果,规定了国家的根本制度和根本任务,是国家的根本法,具有最高的法律效力。全国各族人民、一切国家机关和武装力量、各政党和各社会团体、各企业事业组织,都必须以宪法为根本的活动准则,并且负有维护宪法尊严、保证宪法实施的职责。

(邀请学生上台,投屏展示自己标记的地方,交流感受。)

教师小结:宪法是我国的根本法,它规定了我国的根本制度和根本任务;规定了我国公民享有哪些权利,承担哪些义务;规定了我国国家机关的权力分配。另外,宪法还是制定其他法律的基础和依据,也就是说,其他的法律法规不仅地位低于宪法,而且还必须依据宪法的规定或者精神来制定。宪法具有最高的法律效力、法律权威,法律地位是至高无上的,所有法律都不能超越宪法或与宪法相抵触。

(板书:宪法是国家的根本法)

【设计意图】

通过阅读《宪法》的目录,拉近宪法与学生的距离,让学生对宪法的内容有直观的了解。

(三)宪法是公民权利的保障书

(播放视频“宪法与我们的一生”,并让学生阅读宪法条文。)

教师引导:请同学们依次朗读下列宪法条文,并结合视频内容思考:这些宪法条文跟我们一生中的哪一个阶段相关?

（学生交流讨论，发表观点。）

预设：

出生：《宪法》第三十三条："凡具有中华人民共和国国籍的人都是中华人民共和国公民。"

求学：《宪法》第四十六条："中华人民共和国公民有受教育的权利和义务。"

就业：《宪法》第四十二条："中华人民共和国公民有劳动的权利和义务。"

成家：《宪法》第四十九条："婚姻、家庭、母亲和儿童受国家的保护。"

老去：《宪法》第四十五条："中华人民共和国公民在年老、疾病或者丧失劳动能力的情况下，有从国家和社会获得物质帮助的权利。"

教师引导：是的，事实上，我们一生的故事都贯穿着宪法，宪法对每个人来说至关重要。

教师小结：我们出生，宪法赋予我们国籍和公民的身份；我们到了上学的年龄，宪法赋予我们受教育的权利；我们要毕业找工作了，宪法保障我们通过劳动获取报酬的权利；我们结婚成家，宪法规定婚姻、家庭、母亲和儿童都受到国家的保护；我们老了，退休了，能领退休金、养老金，老有所养，老有所依，都是国家赋予我们的权利。总而言之，宪法规定了我们每一个公民的基本权利和义务。可以说，宪法伴随我们的一生，守护着我们每个人的成长。我们每一个人能自由、平等、有尊严地生活，都仰仗于宪法对我们的保护。

（板书：宪法是公民权利的保障书）

【设计意图】

通过阅读《宪法》中关于公民基本权利部分的条文，从抽象到具体,将抽象的宪法观念与具体的宪法规范进行融合学习,进一步揭开宪法的面纱,并深刻体会宪法与我们的生活息息相关。

(四)宪法是治国安邦的总章程

教师引导:大家知道,我们国家有许许多多法律,如《中华人民共和国宪法》《中华人民共和国民法典》《中华人民共和国刑法》《中华人民共和国行政法》《中华人民共和国经济法》《中华人民共和国诉讼法》《中华人民共和国公司法》等。在我们国家的法律体系当中,《宪法》的地位是最权威、最至高无上的,所以我们把它叫作根本法,下面这幅图形象地反映出宪法与其他法律法规之间的关系。

(出示课本第 17 页的图片,引导学生初步了解图片的内容。)

教师提问:你们知道在一棵树上,树根有什么作用吗?

预设:树根给枝叶输送营养,枝叶在树根的支撑下成长。

教师提问:如果没有了树根,大树将会怎样?

预设:将会枯死。

教师提问:如果把中国的法律体系看成一棵树的话,谁是树根?谁是枝叶?

预设:宪法是树根,其他的法律法规是枝叶。

教师引导:是的,宪法是一些概括性、原则性、纲领性的条文,就好比大树的树根,立法机关根据宪法的这些原则性、纲领性规定,在国家社会生活的很多领域继续细化,制定出很多不同领域的、具体的法律法规。就好比大树的枝叶,枝叶越茂盛,说明我们国家的法律体系越完备。而这些法律法规的制定都要遵从宪法的规定,符合宪法的原则和精神,不能跟宪法相冲突。

(展示《宪法》第十九条)

第十九条:国家发展社会主义的教育事业,提高全国人民的科学文化水平。国家举办各种学校,普及初等义务教育,发展中等教育、职业教育和高等教育,并且发展学前教育。国家发展各种教育设施,扫除文盲,对工人、农民、国家工作人员和其他劳动者进行政治、文化、科学、技术、业务的教育,鼓励自学成才。国家鼓励集体经济组织、国家企业事业组织和其他社会力量依照法律规定举办各种教育事业。国家推广全国通用的普通话。

(展示我国教育方面的法律法规名称及图片)

《中华人民共和国民办教育促进法》《中华人民共和国义务教育法》《中华人民共和国教育法》《中华人民共和国教师法》《中华人民共和国职业教育法》《中华人民共和国高等教育法》等。

教师引导:同学们请看,关于教育问题,宪法只有一小段文字,而其他关于教育的法律法规有很多部。如果没有其他关于教育的法律法规,《宪法》第十九条的要求能落实吗？当然不能。《宪法》强调教育重要,国家要发展教育事业,这就给教育发展指出了一个大方向,但怎么发展教育？有什么具体的途径、方法和措施？《宪法》并没有说明,因为《宪法》是根本法,不规定具体问题。

但是,没有具体的途径、办法和措施,《宪法》第十九条的要求就无法实现。而其他法律则从各自的角度具体详细规定了如何发展教育,所以《宪法》的要求必须靠其他法律落实,其他法律是《宪法》的具体化。

教师小结:因此,《宪法》是国家的根本法,是制定其他法律的基础和依据,它规定了一个国家的根本制度和根本任务,具有最高的法律效力、法律权威和法律地位,宪法是至高无上的。

(板书:宪法是治国安邦的总章程)

【设计意图】

通过对树状图的讲解,让学生了解宪法与其他法律的关系,以及宪法在国家治理中发挥作用的途径,进一步理解“宪法是治国安邦的总章程”的含义。

(五)宪法是人民浴血奋斗的成果

(课件出示)

“宪法以法律的形式确认了中国各族人民奋斗的成果,规定了国家的根本制度和根本任务,是国家的根本法,具有最高的法律效力。宪法是治国安邦的总章程,是党和人民意志的集中体现。”

教师提问:请结合你在《宪法》序言上标记的内容,回顾上学期的旧知“百年追梦,复兴中华”单元的内容,说一说,中国各族人民奋斗的成果都有哪些?

(学生自由发言)

预设1:推翻帝制,浴血奋战28年,成功建立新中国。

预设2:改革开放,经济腾飞。

预设3:科教兴国,人才兴邦。

教师提问:阅读课本第15页的内容,请思考“本宪法以法律的形式确认了中国各族人民奋斗的成果”这句话该如何理解?

(学生自由发言)

教师小结:是的,各族人民奋斗的这些成果都写入了宪法,以法律的形式得到了确认,我们把它称作“民主事实的法律化”。可以说,我们今天能有宪法,我们的各项权利能得到宪法的保障,都是中国人民浴血奋斗的成果。

(板书:宪法是人民浴血奋斗的成果)

【设计意图】

通过对历史的回顾,将宪法与人民争取民主权利的过程结合起来,让学生了解宪法的正当性,进一步体会宪法地位至高无上的原因,进而对宪法和国家产生认同感。

环节三:行动引领,树立宪法权威

(一)宪法宣传见行动

教师引导:国家宪法日,一年只有一天,但我们对宪法的认识,不能止于这一天。我们可以通过丰富多彩的宪法宣传教育活动,开展学习宪法、宣传宪法、维护宪法的活动。

教师提问:同桌之间交流,说一说我们可以通过哪些方式来宣传维护宪法?

(板书:好少年在行动)

(学生自由讨论)

预设:开展宪法晨读活动,进社区发放宪法宣传单,宪法日当天做义务宣讲员,邀请法院的叔叔阿姨进课堂……

教师:大家说了这么多好点子,我想今年的 12 月 4 日宪法日就是一个好机会,大家可以积极争当宪法宣讲小卫士,到社区开展普法宣传活动。请大家根据本节课所学知识,完成以下作业,向更多人介绍宪法、推广宪法内容。

(课堂作业:设计宣传标语)

教师:请同学们拿出卡纸和水彩笔,为今年的国家宪法日设计一条宣传标语。

(学生设计,教师巡视指导。投屏展示,学生介绍自己设计的标语。)

【设计意图】

由知导行,引导学生在学习了解宪法知识后,愿意在生活实践中去遵守、维护、宣传宪法。

(二)课堂总结

教师提问:同学们,请大家说一说这节课你有哪些收获?

(学生汇报,举手发言。)

教师小结：今天这节课我们一起走近了《宪法》，知道了它是国家的根本法；它规定了公民所享有的基本权利和必须履行的基本义务；它在我国的法律体系中的地位是至高无上的，任何法律法规的制定都必须遵从《宪法》，不能跟《宪法》相抵触。我们还知道，每年的 12 月 4 日是我国的宪法日，每一个公民都应该尊重宪法，维护宪法权威。

【设计意图】

引导学生对本课时的学习进行总结，主要围绕《宪法》读本以及"宪法日活动"的基本知识进行回顾。

课后检测：完成下面的学习评价表，为自己宪法知识的知晓情况打分。

表 5-4　活动资料："感受宪法日"评价表

评价要点	分值	总分
知道我国宪法的制定时间。	20 分	
知道我国宪法的制定主体。	20 分	
知道我国宪法日的时间。	20 分	
能说出一项及以上宪法赋予我们的权利。	20 分	
能说出一项及以上宪法赋予我们的义务。	20 分	
积极主动参与社区普法宣传活动，并获得好评（实践加分）。	50 分	

七、教学反思

（一）挖掘学生的自主学习意愿，尊重学生的主体地位

本课着力营造轻松、愉快的教学氛围，精心设计了一些具有启发性的问题，让学生成为"发现者"和"探索者"。教师只在必要时给予简明的评价和积极的引导，让学生在积极的阅读思考和合作探究

中充分发挥自主性、能动性，真正体现学生的主体地位。

（二）善于开发教学资源，注重学习能力的培养

在本节课中，教师注意根据学生实际开发学习资源，引导学生全方位参与学习问题的探究、解决，既训练了学生搜集处理资料、分析问题和解决问题的能力，又培养了学生的合作精神，为今后的学习、发展奠定了基础。

◎范例评析

由于宪法独有的理论性、政治性、纲领性、原则性，会让人产生宪法离生活较远的印象。尤其是小学六年级的学生，缺乏生活经验，抽象思维的能力也不够成熟，讲浅了，难以触及宪法的真谛；讲深了，六年级的小学生又难解其意，如何把握授课的深度是教学的难点。“宪法是根本法”教学设计最突出的优点在于根据学生的学段特点有针对性地设计了宪法讲解的难度和深度，并且与中学阶段的宪法教育目标及内容进行了一体化的衔接。

教学设计通过“观《战狼2》，初识宪法”“读原本，明宪法精神”“行动引领，树立宪法权威”三个版块，恰当地把握了教学的进阶深度，较好地向学生展现了宪法的轮廓。

一、通过《战狼2》电影片段导入，首先让学生形成宪法保护公民基本权利的感性认知，再通过宪法日的各种纪念活动，让学生感受到宪法离生活并不遥远，宪法受到全社会的重视和尊崇。

二、围绕宪法文本，引导学生以议题的方式展开交流讨论，探究宪法的重要性。议题采用“总—分—总”的设计思路，用宪法目录统领“公民权利的保障书”和“治国安邦的总章程”两个重要议题，引导学生分别讨论“1. 宪法与我们是什么关系；2. 宪法与其他法律是什么关系”；继而抽丝剥茧，层层推进，慢慢揭开宪法抽象的面纱，逐步

拉近宪法与学生的距离,让学生深刻体会到宪法与我们每一个人的生活息息相关,人人自由、平等,享有人性的尊严,均得益于宪法的保障。通过树状图的讲解,让学生大致了解宪法与其他法律的关系以及我国法律体系的构成,通过对《宪法》第十九条以及我国关于教育方面的法律法规的介绍,让学生明白宪法以何种方式发挥治国安邦的作用,进一步理解宪法在社会生活和政治生活中的重要地位和重要作用。该部分内容设计深入浅出,引导到位,实现了说理教育与启发引导的有机结合,尤其是与初中《道德与法治》八年级下册宪法内容进行了很好的一体化衔接,凸显了教师的专业功底,堪称教学设计中最大的亮点。

三、以"设计宣传标语"的课堂作业让学生由知导行,引导学生在学习了解宪法知识后,在生活实践中去遵守、维护、宣传宪法,最终实现"知行合一"的目标,很好地落实了新课标加强实践性和实效性的教学要求。

"公民权利的保障书"教学设计

设计者:邵亚慧①

指导教师:韩娟②

一、指导思想和理论依据

《青少年法治教育大纲》明确指出,开展青少年法治教育,要高举中国特色社会主义伟大旗帜,以邓小平理论、"三个代表"重要思想、科学发展观为指导,深入贯彻习近平总书记系列重要讲话精神,全面贯彻党的教育方针,以培育和践行社会主义核心价值观为主

---

① 邵亚慧,北京市首都师范大学附属中学永定分校政治学科教师,一级教师。

② 韩娟,北京市门头沟区教育研修学院高中政治研修员,政治学科主任,高级教师,市级骨干教师。

线，以宪法教育为核心，把法治教育融入学校教育的各个阶段，全面提高青少年法治观念和法律意识，使尊法学法守法用法成为青少年的共同追求和自觉行动。①

《义务教育道德与法治课程标准(2022年版)》中提到"思政课是落实立德树人根本任务的关键课程，道德与法治课程是义务教育阶段的思政课，旨在提升学生思想政治素质、道德修养、法治素养和人格修养等，增强学生做中国人的志气、骨气、底气，为培养以实现中华民族伟大复兴为己任的有理想、有本领、有担当的时代新人打下牢固的思想根基"②。

二、学情分析

学生在小学阶段形成的对个人与他人、社会和国家关系的初步法律认识，为初中阶段法治专册的学习奠定了重要知识储备基础。无论是对学生生活领域的扩展还是学科能力水平的提升，都需要明确公民与国家关系中的法治问题。但因法治内容的理论性和抽象性，初二阶段的学生的理解能力及辩证思维能力并不强，学生学习本课时，会对国家机关运行机制、公民基本权利义务等宪法专业术语产生疑问。

因此，在引导学生进行宪法学习时，既要注重对学生进行宪法来历的解析，引导学生学习宪法规范，探寻其背后的理念和意义，也要从学生的经验出发，通过视频辅助学习、研读宪法法条、绘制宪法修订时间轴等真实情境，用事实说话，以理服人，使其初步认识宪法的来历，进而认同宪法理念、价值和原则。

---

① 教育部，司法部，全国普法办. 青少年法治教育大纲[N/OL]. 中华人民共和国教育部公报，2016-06-28.

② 中华人民共和国教育部. 义务教育道德与法治课程标准(2022年版)[M]. 北京：北京师范大学出版社，2022：1.

三、教材分析

这一部分设于《道德与法治》八年级下册第一单元第一课，主要内容是“公民权利的保障书”[①]。八年级下册是初中阶段的法治教育专册，以宪法精神为主线，重点进行公民意识、国家意识、法治意识教育。公民与国家的关系是宪法调整的基本社会关系，宪法关系的实质内容是公民权利与国家权力的关系。宪法的核心价值追求是规范国家权力运行以保障公民权利的实现。

本课通过引导学生了解宪法的制定、几次修订的时间和内容、人权的内容等，帮助学生知道《中华人民共和国宪法》是我国的根本法和根本活动准则，具有深厚的历史内涵和人民情怀。在认同宪法理念和价值的基础上，涵养学生的法治观念，以明礼遵规的道德修养，形成理性平和、积极担当的社会关系与责任意识。

四、教学目标与重难点

（一）教学目标

1. 政治认同：通过参观博物馆、小组绘制宪法修订时间轴、比较宪法目录和法条等活动，帮助学生认同宪法是我国的根本法，是“公民权利的保障书”。

2. 道德修养：通过宪法时间轴的绘制和回顾参观博物馆的经历，涵养学生明礼遵规、遵纪守法的个人品德和社会公德。

3. 法治观念：通过主题“公民权利的保障书”的学习与梳理，帮助学生树立宪法至上的法治观念。

4. 健全人格：通过对宪法目录和法条的梳理与分析，帮助学生

---

① 教育部组织编写. 义务教育教科书　道德与法治　八年级　下册［M］. 北京：人民教育出版社，2018：1-10.

形成理性平和的社会关系。

5. 责任意识：能在“宪法为民”学习中，形成“民卫宪法”的认知、态度与情感。

(二)教学重难点

1. 确定依据。

(1)依据新课标确定本课时的重难点。

(2)对学生进行访谈，了解学生的已知点和困惑点。

2. 教学重难点。

教学重点：宪法是公民权利的保障书，了解“一切权力属于人民”的宪法原则。

教学难点：宪法修订背后的“宪法为人民”的理念与价值；宪法是如何尊重和保障人权的。

五、学习评价设计

对学生的评价主要采取问卷和访谈的方式进行课前的诊断性评价，主要了解学情及把握本课的教学重难点和教学目标。

运用数据分析进行定量评价，主要评价维度如下：能明晰宪法的来源、修订程序及相关背景等基础性知识；能结合宪法视频绘制时间轴；能探究和诊断出宪法时间轴背后“宪法为人民”的共性和深意；有宪法学习的参与意识、小组合作能力和简单逻辑思维能力；初步认识到社会主义道路及制度的优越性和宪法的价值与理念等。评价方式有学生自评和互评。

布置开放性作业任务进行课后的表现型评价，布置寻找一部与“宪法”有关的影视剧进行片段展示，并结合所学知识进行片段分析，观察并帮助学生在喜闻乐见的影视剧中巩固课上知识。

六、教学过程

总议题:公民权利的保障书

导入:展示 2023 年 3 月 10 日,新当选的中华人民共和国主席、中华人民共和国中央军事委员会主席习近平进行宪法宣誓的视频。

教师:为什么习近平主席要向一部法律进行宣誓呢?

学生 1:这部法律是国家的根本法。

学生 2:宣誓仪式是在说明对宪法和法律的遵守,是展现为人民服务的信心与决心,也是一次宪法教育课。

教师:大家说的都很有道理。你在哪些地方见过这部法律呢?

学生:电视新闻、电视剧、博物馆、书店、办公室……

教师:今天我们就从“博物馆里的宪法”讲起,共同探讨这部根本法修订背后的“一切权力属于人民”的理念与价值,以及这部法律是如何“尊重和保障人权”的。

【设计意图】

以习近平主席宪法宣誓的政治站位帮助学生明确宪法是根本法的价值取向,同时以学生在哪里见过宪法的小视角进行切入,让学生可知可感,拉近学生与宪法的距离,也为本节课分议题的情境进行铺垫。

分议题 1:一切权力属于人民

教师:展示学生参加国家博物馆综合实践活动时驻足观看《宪法》时的照片。询问当事人及其他学生,为什么驻足观看了那么久?

学生 1:我在思考展馆里的那几个版本的《宪法》为什么都这么薄?为什么电视剧里的公职人员都要向它进行宣誓?我很好奇《宪法》里的内容,仿佛有一股神奇的力量让我忍不住多看了几分钟。

小组活动:课前查阅宪法有几个版本,并绘制宪法修订时间轴。

教师:在分小组课前收集资料和翻阅课本的基础上,谁能回答他的问题？

学生1：我觉得这部法律的神奇之处在于它就像一个章程，告诉我们应该怎样做，国家应该怎样为我们做。它同时保护着我们的合法权利、保障着国家的长治久安。

学生2：老师，我们小组查到宪法是国家的根本法，是治国安邦的总章程，具有最高的法律地位、法律权威、法律效力。中华人民共和国成立后，曾于1954年9月20日、1975年1月17日、1978年3月5日和1982年12月4日通过了四部宪法。现行宪法为1982年宪法。

学生3：宪法历经了1988年、1993年、1999年、2004年四次修订，都和时代背景相关。

教师：同学们，谁愿意进行补充和修正？

学生1：老师，我们查到宪法经历了五次修订，最近一次的修订是在2018年。

教师：同学们说得都很好。那么，这几次修订从内容上看有何共性呢？

学生1：都以人民为中心。

学生2：无论时代如何变化，宪法内容发生怎样的改写，都在保障人民有尊严地生活。

教师：是的，无论是一个团队还是一个国家，都需要有一个总章程，这就是“宪法”。这部章程从历史深处走来，无处不在无时不有地诉说着“一切权力属于人民”的时代宣言。那么，在宪法保护之下，你或者你父母有哪些或在哪些方面能感受到“一切权力属于人民”呢？

学生1：我在学校会参与模拟政协提案活动，我们的提案在区里还获得过优秀提案奖，并为保护“绿水青山”贡献了自己的小小力量。我很自豪。

学生2：我看到区里有很多机关都带有“人民”二字，他们在我们上下学的路上遇到纠纷矛盾时能及时给予帮助，我很有安全感和幸福感。

学生 3：我父母说我们家可以获得收入的途径越来越多，我们真切地感受到了社会主义为人民的获得感。

教师：同学们分享的都很真实，细微之处都可见“宪法为民”的理念与价值。宪法规定了社会主义经济制度，奠定了国家权力属于人民的经济制度，也保障了人民可以通过各种途径和形式参与国家事务的管理。我国宪法中的民主是真正的民主，字虽少，背后却是党和国家集体智慧的结晶，是“一切权力属于人民”这一基本原则的集中体现，具有最高的法律地位、法律权威、法律效力。

【设计意图】

以议题的方式分层突破“一切权力属于人民”的教学重点。学生在小组讨论和个人分享中逐步明晰“一切权力属于人民”的基本原则，有助于培养学生理性平和的道德修养和宪法法律至上的法治素养。

分议题 2：国家尊重和保障人权

教师：哪些实例让你感受到国家在改善我们的生存与发展状况呢？

学生 1：之前我们住在山里，在区域政策的帮助下，我家进行了搬迁。现在，我们的居住条件和环境都得到了改善，我很开心。

学生 2：我以前读过一个新闻：好多地区的孩子无法上学，现在我们都已享受到了义务教育这一福利，大家的受教育权得到了保障，国家培养的人才也越来越多。

教师：那么，除了我们的受教育权，宪法还规定了我们公民的哪些权利？这些权利如何实现呢？请大家结合实例及课本知识进行分享。

学生 1：我们还享有人身自由权、名誉权、荣誉权、言论自由权。对了，还有隐私权。

学生 2：我爸爸妈妈享有劳动权，爷爷奶奶还享有物质帮助权呢。

教师：同学们说得很棒，有些既是权利也是义务，比如受教育权和劳动权。在我国,人权的主体非常广泛,既包括我国公民,也包括外国人;宪法不仅保护个人,还保护群体。宪法保护的人权内容也很广泛,既包括平等权、人身自由权、政治权利,也包括财产权、劳动权、受教育权等经济、社会、文化方面的权利。那么,宪法是如何保障人权的呢?

活动:请大家收看中央广播电视总台制作的《70 年法治回眸——我们的自信在这里 · 宪法篇》。

教师:结合视频和课本,请归纳宪法是如何保障人权的。

学生:宪法规定,行政机关在执法过程中应当树立尊重和保障人权的意识,做到严格、规范、公正、文明,坚持依宪施政、依法行政。审判机关、检察机关要依照宪法和法律的规定独立行使审判权、检察权,保护公民的各项合法权益。

教师:如何理解视频开头所言"一个国家的历史都浓缩在一部宪法中"呢?

学生:从新中国成立以来的发展征程可以看出,中国命运的每一次转折,中国前途的每一个里程碑,"中国之治"的一切成功经验,都深深地根植在中国宪法里。

教师:回顾视频,感受宪法中的"我们的自信",说一说,你感受到了哪些自信?

学生 1:我觉得党领导我们有方向,我们的权利与义务有保障,我对咱们国家的发展方向和未来命运有自信。

学生 2:宪法具有最高的法律地位、法律权威、法律效力,修订的历程让我感受到中国共产党人集体智慧的结晶,是理论的力量与自信。

教师:归根结底,社会主义制度具有巨大优越性,我国宪法是社会主义制度的重要体现,能够推动发展、维护稳定、保障人民的一切合法权利和当家作主的地位,是中国人的普遍价值认同,也是文化自信。因此,我们要积极维护宪法权威。

【设计意图】

学生分组提前收集宪法基础知识,有助于课堂新知识的融合与把握。学生观看视频后对自己课前收集的资料进行分类整理和加工,有助于强化宪法基础知识并培养学生的信息筛选和整合能力。最后进行理论和情感的升华,帮助学生形成明礼遵规的道德修养、理性平和的社会关系、积极担当的责任意识。

七、教学反思

1. 教学设计中要注重"宪法是什么"的教学,因为只有学生的基础知识达成度较好,才易于形成对"宪法为人民"理论的认同。

2. 在教学过程中,要提高教学引导中层层推进的教学技能,问题的设计要围绕学生生活情境,把抽象的理论知识具象化,把主体空间归还给学生。

3. 教学全程需谨记教学最终的目标是涵养学生社会主义建设者和接班人的政治认同、宪法至上的法治观念、明礼遵规的道德修养、理性平和的社会关系和积极担当的责任意识。

◎范例评析

"公民权利的保障书"教学设计目标符合道德与法治学科课程标准,通过对宪法制定过程的学习和梳理,帮助学生树立宪法至上的观念,体现了培养法治观念的核心素养要求。同时,通过回顾我国制定宪法的历史,该教学设计帮助学生认识到宪法是新中国的"出生证",是"公民权利的保障书",以此达到培养学生对国家的认同、政治的认同。

在教学过程的设计中,由"宪法宣誓"的视频进行导入,让学生首先对宪法规范文本有一个初步的感性认识,并引导学生思考"国家工作人员为什么要向一部法律进行宣誓""为什么要制定这样一部法律”“第一部宪法制定出台经历了哪些程序”“我国宪法经历了几次修订,为什么要修订它”……政治学科要素鲜明、问题结构严谨、重难点突出、活动恰当,问题设计均围绕“一切权力属于人民”“国家尊重和保障人权”两个主题展开,环环相扣中推进教学展开,让学生在讨论过程中思考宪法如何体现“一切权力属于人民”,宪法如何尊重和保障人权,议题设置合理恰当,知识点讲解清晰、引导到位;对政治认同、法治意识的引导意向鲜明、自然流畅;课前准备充分,让学生分组,提前收集宪法资料,课上帮助学生对资料进行分类整理和加工,强化了学生对宪法基础知识的理解,最后进行理论和情感的提升,有效达成了教学目标。

第二节　公民基本权利和义务相关教学设计范例及评析

“理解权利义务:公民权利”教学设计

徐漠寞①

一、指导思想和理论依据

(一)指导思想

本课依据《青少年法治教育大纲》的内容是“青少年法治教育”中初中阶段的教学内容与要求。具体对应的内容与要求是:“认知国家尊重和保障人权的意义。加深对公民基本权利和义务的认识。”“初步理解程序正义在实现法治中的作用,建立依法处理纠纷,

① 徐漠寞,北京市西城区德胜中学道德与法治学科教师,二级教师。

理性维护权利的意识。”①

中央宣传部、教育部联合印发的《新时代学校思想政治理论课改革创新实施方案》指出，初中阶段重在“了解与学生日常生活密切相关的法律常识，具有初步的宪法意识、法治观念等”②。

（二）理论依据

认知发展理论：皮亚杰认为儿童是在与周围环境相互作用的过程中，逐步建构起关于外部世界的知识，从而使自身认知结构得到发展。儿童与环境的相互作用涉及两个基本过程：

1. 同化：把外部环境中的有关信息吸收进来并结合到儿童已有认知结构中。

2. 顺应：此为个体的认知结构因外部刺激的影响而发生改变的过程。

二、学情分析

本课授课对象是初二年级学生。

从教学内容来看，伴随参与社会生活的领域不断扩展，学生有了一定的权利意识，对权利内容有所了解，更关注公民的具体权利，但对宪法中公民基本权利的规定了解较少，无法分辨公民基本权利和一般权利的区别。

从行为践行来看，初二阶段的学生更加强调个人享有的权利，漠视他人的权利，法治观念和公民意识比较淡薄。当个人权利受到侵害时，他们有维权意识，但缺乏合理的维权方式方法。因此，初二学生不仅需要知晓如何运用宪法保护自身的权利，同时也要尊重他

---

① 教育部，司法部，全国普法办. 青少年法治教育大纲[N/OL]. 中华人民共和国教育部公报，2016-06-28.

② 中央宣传部，教育部. 新时代学校思想政治理论课改革创新实施方案[N/OL]. 中华人民共和国国务院公报，2021(09).

人的权利。

从活动参与来看,初二学生已积累了一定的社会经验,因此在参与情境讨论、小组合作等活动时热情较高,能够结合生活现象和情境素材充分表达自己的观点。

基于此,笔者以情境式教学法进行本课教学设计,即通过不同情境,以小组讨论的形式,增进学生的政治认同,强化他们的法治观念,培养他们的健全人格。

三、教材分析

本节课是《道德与法治》八年级下册第二单元第三课的内容。通过对第一单元有关宪法内容和价值的学习,学生们已经对"宪法保障公民权利"有了一定的认识。因此,第二单元旨在通过对公民权利具体内容的学习,进一步深化宪法对公民权利保障的认识,理解宪法的重要地位,也为第三单元宪法保障人民当家作主的内容奠定基础。

从单元内容来看,本单元分为权利和义务两部分,先讲权利后讲义务,有助于帮助学生形成权利与义务相统一的概念。本课内容详细介绍了公民基本权利的内容,以及行使公民基本权利的个人价值与社会意义。主要目标是帮助学生知晓权利的内容,理解其内涵及价值,增强权利意识,依法行使权利。

四、教学目标与重难点

(一)教学目标

政治认同:知道我国公民享有的基本权利,认识到我国公民基本权利的广泛性;理解公民基本权利的重要意义,进一步感受我国宪法与每个人的关系;认同我国宪法及其制度。

法治观念:增强权利意识,学会珍惜、依法行使这些权利,同时也要积极同侵犯自己合法权利的行为作斗争,依法维护自己的各项权利。

健全人格:懂得公民享有政治权利和自由、人身自由以及社会经济与文化教育权利等基本权利的重要性。

(二)教学重难点

1. 确定依据。

公民基本权利的内容是宪法的核心内容。

学生对公民基本权利内容了解甚少,难以将公民基本权利与参与社会生活和实现人生幸福的意义连接起来。

2. 教学重难点。

教学重点:了解公民基本权利的内容,懂得依法行使权利。

教学难点:认识公民享有基本权利的重要性。

五、学习评价设计

(一)评价方式

口头表述评价:对学生课堂参与的积极性、回答的准确度、语言表达的规范性等进行及时评价。

课后评价:通过批改学生的课后作业,对学生学习效果进行评价。

(二)学生评价内容

表 5–5 学生评价内容表

评价内容	评价标准(程度)			
	好	较好	一般	待改进
态度	非常积极主动参与课堂活动,始终主动发言。	认真聆听老师讲解和同学发言,比较爱思考,爱发言。	跟随老师上课节奏参与课堂活动。	在课堂上表现被动,不善于积极思考和主动发言。

续表

评价内容	评价标准(程度)			
	好	较好	一般	待改进
知识	理解学科核心概念,熟练掌握知识脉络。	可以构建知识脉络,较好地理解核心概念。	能掌握部分知识脉络和核心概念。	对核心概念的理解不透彻,知识结构不清。
价值观	认同所学,能够在学习中获得成就感。	较为认同所学,获得一定的成就感。	能在一定程度上理解所学内容的价值。	仅停留在知识的获得层面。

(三)评价量规

1. 参与课堂活动是否积极。

2. 回答问题是否规范、准确。

3. 通过学习是否有知识和认识方面的提高。

六、教学过程

导入:了解《宪法》的目录,感受公民基本权利在宪法中的重要地位。

教师:观察《宪法》中公民基本权利在第几章?为什么“公民的基本权利”会置于“国家机构”之前?

学生:因为宪法的制定是为了保护公民的基本权利。

教师:正如同学所说,公民的基本权利和义务是宪法的核心内容之一,确认并保障公民的基本权利实现,是宪法的核心价值。公民有哪些基本权利呢?根据宪法对公民的基本权利的规定,我们可以把公民的基本权利大致分为四大类:政治权利、人身自由、社会经济文化权利和其他权利。这些权利包括哪些具体内容?如何行使公民的基本权利?带着这些疑问,我们一起来学习。

【设计意图】

了解宪法内容的构成,明确公民的基本权利的核心地位,增强政治认同。

环节一:了解公民的基本权利

1. 政治权利。

教师:(呈现问题情景:来自小胜同学的疑问)如果你是小胜的妈妈,你会选择让谁当选区人大代表?请说明理由。

候选人甲:王某,男,34 岁,现任某科技集团董事长,北京大学经济学院毕业,坚持利为民所谋、权为民所用,争取发挥自身价值,为本区经济发展尽绵薄之力。

候选人乙:李某,今年 35 岁,现任某社区居民委员会会计、妇女主任,大专学历,深入群众,了解人民群众生活情况,帮助解决存在的现实问题,具有较好的群众基础。

学生 1:选择候选人甲,能力强,能够带动地区经济的发展。

学生 2:选择候选人乙,了解民情,能够解决人民群众的实际问题。

教师:(引导学生)无论选哪名候选人,不变的原则是要为人民服务,谋利益。(提出问题)为什么小胜妈妈非常重视此次选举?

学生 3:选举权和被选举权是公民的一项基本政治权利,行使这项权利是公民参与管理国家和管理社会的基础。

教师:每个人都有选举和被选举权吗?请同学们阅读教材,回答问题。

学生 4:需要满足的要求是:年满十八周岁,依照法律被剥夺政治权利的人除外。

教师:请同学们根据选举和被选举权的要求进行判断,谁具有选举和被选举权。(PPT 呈现图片)外国人、少数民族、初中生、被剥夺政治权利的罪犯。

学生 5:根据所学进行判断。

教师:中学生没有选举权和被选举权,是不是就没有权利参与政治生活了?

学生 6:可以通过其他方式参与政治生活,如发表对国家建设的看法等。

教师:对,《中华人民共和国宪法》第三十五条规定:"中华人民共和国公民有言论、出版、集会、结社、游行、示威的自由。"这有助于我们参与政治生活,充分表达自己的意愿。

教师:小胜发现小区门口交通拥堵,秩序混乱,他想向有关部门反映该问题,却不知道如何着手。同学们,他可以向谁求助?

学生 7:可以打 12345 热线。

教师:没错,我们可以向政府求助,可以通过在政府网站上留言,或者打市长电话。那同学们知道我们这是在行使什么权利吗?

学生 8:监督权。

教师:《中华人民共和国宪法》第四十一条规定:"中华人民共和国公民对于任何国家机关和国家工作人员,有提出批评和建议的权利。"为什么在通过政民互动提建议时要实名写信?

学生:确保公民依法行使权利,规范自己的行为。

教师:公民依法行使政治权利,参与国家政治生活,是人民行使当家作主权利的重要体现,有助于国家机关及其工作人员依法行使权力,全心全意为人民服务。

【设计意图】

以小胜所遇到的问题为视角,回应学生在生活中的困惑,在解答问题的过程中,帮助学生了解政治权利的内容。在引导学生了解如何行使政治权利的过程中,帮助他们树立法治意识。

2. 人身自由。

教师:(展示问题情景:来自小德的疑问)表情包斗图侵权了吗?

情景1:小德在班级群中发送同学表情包,同学却说侵犯了她的肖像权。她之前也发过我的,但我没生气。

学生活动:学生以小组为单位进行研讨,教师从旁进行指导。

教师:(呈现法条,提出问题)表情包侵犯同学的什么权利?

学生1:人格尊严和肖像权。

教师:表情包斗图真有趣,侵权风险需警惕!(根据漫画讲解人格尊严不容侵犯)(PPT 呈现情景)判断下列行为涉及了公民人格尊严权中的哪项权利?

◆ 同桌偷看我的日记。

◆ 小李上学迟到了,却在登记本上写了小张的名字。

◆ 摄影店未经小胜同意,把小胜的照片悬挂在橱窗里展示宣传。

◆ 老师无故撤销学生"区三好学生"称号。

◆ 一些同学肆意散播关于某同学的不实谣言,致其名声受损。

学生2:隐私权、姓名权、肖像权、荣誉权、名誉权。

教师:(PPT 呈现情境,提出问题)超市工作人员搜顾客的身,侵权了吗?

情境2:顾客吴大爷在超市购物,准备离开时安检门发出警报声,超市工作人员怀疑其携带了未付款的商品,遂以拍、捏手臂、裤包等处的方式对其搜身,有围观群众在一旁观看。

教师:(呈现宪法条文和公安机关处理结果)我国公民人身自由不受侵犯,禁止非法拘禁和以其他方法非法剥夺或者限制公民的人身自由,禁止非法搜查公民的身体。

教师:(呈现情境3,提出问题)如此讨债侵权了吗?

情境3:日常生活中,很多人经常遇到债务人在债务到期后不按照约定还款的情况,在这种情况下,一些债主不知如何正确维护自身的合法权益,有可能脑子一热,便使用“不还钱我就在你家坐着”“什么时候还钱我什么时候走”等招数……

学生3:根据宪法条文判断,这种做法侵权。我国宪法规定公民住宅不受侵犯。

教师:不仅如此,在我国通信自由和通信秘密受法律保护。这几项权利都是公民最基本、最重要的权利。只有公民的人身自由不受非法侵犯,才能独立、自由、有尊严地生活。

【设计意图】

学生以小组为单位,通过对某些人在生活中的做法进行评价,引导学生了解宪法对公民人身自由内容的规定,理解国家保障人身自由,增强政治认同和法治意识,提高运用法律分析和解释社会现象的能力。

3. 社会经济与文化教育权利。

教师:(呈现情境4,提出问题)警察有权征用摩托车吗?这一行为涉及公民的哪项基本权利?

情境4:一天,警察小郑在执勤时听到有个女士高喊:“快抓住那个人!他抢了我的皮包。”只见前方一个男子抱着一个皮包在街头飞奔。为了尽快追上那个男子,小郑拦下一辆摩托车,出示警察证件,说:“您好!我是警察,前面有人抢劫,我想借用您的车追人,可以吗?谢谢配合!”车主二话没说把车和头盔给了小郑。小郑戴好头盔,飞身上车,追了上去,很快便抓获那个男子,并把他带回了公安局。处理完公务后,小郑把摩托车还给了车主,向他表示感谢,并告知车主可以根据法律规定向公安机关申请相应补偿。

学生活动:阅读教材及宪法条文,回答问题。

学生1:公民具有财产权,可以对自己的不动产或者动产,依法享有占有、使用、收益和处分的权利。

教师：国家千方百计拓宽就业渠道，通过一系列法律保障劳动者权利。（提出问题）国家为什么要保障劳动者的合法权益？

学生2：人们通过劳动，参与社会生产与服务活动，获得劳动报酬和其他收益，既可以保障合理的生活水平，实现自身价值，也为国家和社会作出贡献。因此，劳动既是权利又是义务。

教师：无法进行社会劳动的公民怎么办？

学生活动：阅读法律条文，回答问题。

学生3：公民在年老、疾病或者丧失劳动能力的情况下，有从国家和社会获得物质帮助的权利。

教师：（呈现国家关于教育的资助政策，提出问题）国家为什么要大力支持教育事业的发展？

学生4：教育为个人的人生幸福奠定基础，为人类文明传递薪火，成就民族和国家的未来。

教师：国家保障公民的受教育权利，同时公民也应该履行受教育的义务。除此之外，公民还享有文化权利、平等权、宗教信仰自由……国家通过宪法保障公民权利，为我们追求有尊严的生活、实现人生幸福提供保障。

【设计意图】

通过事例呈现国家的做法，引导学生加深对“国家保障公民权利”的理解；深刻认识宪法是国家的根本法，强化宪法是“公民权利保障书”的认识，从而增强政治认同，坚定制度自信；引导学生树立宪法意识，用宪法指导生活实践，做到知行合一；通过总结与提升，引导学生感受法治对社会生活的重要指引作用，从而在学生心中埋下“法治”的种子，进而增进政治认同和法治意识。

环节二：坚持依法行使权利

教师呈现案例1，提出问题。

案例1：家里东西放不下，楼道堆放解决啦！小胜的邻居隔三岔五便将自家物品放到楼道内，鞋柜、电动自行车、宠物箱、废纸盒等，阻塞了同层住户通行的道路，丝毫不顾及其他住户的感受；更令人气愤的是，小区居民们为此多次劝阻他，可他不但不承认错误，还振振有词："放我家门口是我的权利，你们凭什么阻止我！我就在楼道放东西，你们管不着……"

问题1：你认同这位邻居的做法吗？说说你的理由。

学生1：不认同，楼道是公共空间，并不是他们家的私人空间。

问题2：这位邻居这样做的危害是什么？

（小组讨论，从不同角度分析。）

学生2：角度一，损害他人权益，影响他人通行。角度二，损害社会利益，存在巨大安全隐患，危及小区安全。

教师：（呈现法条）结合这个事例，说一说公民应如何正确行使权利。

学生3：任何权利都有范围，公民在行使权利时，不得损害国家的、社会的、集体的利益和其他公民的合法的自由和权利。

教师：因此小胜找到邻居，跟他一起想办法。下列做法你是否赞成，理由是什么？

做法1：以其人之道还治其人之身，比如把垃圾等脏东西堆在他家门口，也让他尝尝堵心的滋味。

做法2：他太霸道了，还是不要招惹他为好，以免他做出什么过激的行为。

学生4：公民要敢于维权，也要依法维权。依照法定程序，按照规定的活动方式、步骤和过程进行维权。

教师：同学们还有什么办法可以帮一帮小胜？

（学生活动：小组讨论。）

学生5：住户们一起跟他心平气和地沟通商量，或让居委会、物业的工作人员出面劝说，或者直接去法院告他。

教师：我们可以通过和解或调解的方式解决纠纷。如果严重侵害到了我们的合法权益，我们还可以选择用诉讼的方式维护我们的合法权益。

教师：同学们，如果遇到这种情况还可以如何解决？

案例2：小胜在某购物平台上以正品价格买到了假冒伪劣产品，用后产生严重的身体不适。小胜跟商家沟通后讨要赔偿。商家表示商品卖出一律不退，概不负责。小胜作为受害者，需要你的帮助。

学生6：和解不成，可以通过调解和诉讼的方式解决。

教师：除此之外，我们还可以通过仲裁的方式，维护我们的合法权益。公民与其他个人或组织之间发生合同纠纷和其他财产权益争议时，可以申请仲裁。当事人根据他们之间订立的仲裁协议，自愿将其争议提交仲裁机构，并接受仲裁机构裁决的约束。

【设计意图】

通过创设真实的情境问题，以小胜为视角，依据学生解决问题的思路，设计问题。在解决问题链的过程中，明确依法行使权利的要求，引导学生掌握依法维权的方法，提升法治观念，依法参与社会生活，健全自己的人格。

环节三：维权方式我知道

教师：布置任务，根据所学完成表格，区分维权方式。

表5-6　维权方式表

方式	参与人	依据	适用	特点
和解				
调解				
仲裁				
诉讼				

小结：这几种维权方式的适用范围不同，有各自的特点和优势。因此，在生活中，我们要根据不同情况选择采用不同的方式解决矛盾。

总结：宪法保障公民的基本权利，对公民自己、社会乃至国家都有着重要意义。因此，我们不仅要依法行使权利，也要依法参与社会生活，依法维权，成为法治忠实的崇尚者、自觉的遵守者和坚定的捍卫者。

【设计意图】

帮助学生加强对法律规则的理解和领悟，引导学生依法参与社会生活，成为具有社会责任感的公民。

七、教学反思

（一）特色

核心素养引领教学。本课设计凸显核心素养，通过对不同情境的探究，引导学生树立法治思维，从不同维度提升学生的法治意识。通过分析案件发展过程引导学生体会法律在解决纠纷过程中发挥的重要作用，增强学生尊崇法律、运用法律保护自己权益的意识，逐步养成法治观念，理解宪法对公民的重要作用，强化学生的法治观念和政治认同。

深度挖掘教材。本课内容结合当下有关未成年人成长的社会热点问题，深度挖掘、整合教材资源，创设教学情境。

遵循学生认知规律。本课设计以学生的视角，通过发现问题，解决问题，依法释疑，引导学生学习公民的基本权利的内容，符合学生的认知规律。

（二）课后反思

本课前半部分知识性内容较多，可以引导学生在课前通过自学的方式了解公民的基本权利;课堂上通过活动的方式,深化学生对不同权利的理解和运用,给予学生更加充分的讨论和表达时间,引导学生由知到行。

◎范例评析

“理解权利义务:公民权利”教学设计通过设置不同的情境,引导学生进行深度探究和思考,不仅帮助学生认识到公民享有的各项基本权利,更帮助学生了解到宪法作为保障公民基本权利的“护身符”,与每个人息息相关。通过对公民的基本权利的学习,学生们增强了权利意识和法治观念。本课教学设计突出体现了以下几个特点:

第一,在背景分析方面,该设计准确把握了公民的权利和义务学习内容的实质内涵,并抓住其中蕴含的政治认同、法治意识、健全人格三个核心素养,对学情进行了分析,具体、明确、有理有据,不仅严格依据课程标准对课程进行设计,也有自己的思考。

第二,在问题框架方面,通过“为什么小胜妈妈非常重视此次选举?”“每个人都有选举和被选举权吗?”“中学生没有选举权和被选举权,是不是就没有权利参与政治生活了?”等一系列问题的设计,体现了教学的思路及学习层次,“核心问题”和“问题链”逻辑结构清晰,符合学生的认知规律。

第三,在方法策略方面,通过议题式的教学方法,突破了教学的重点和难点,策略方法明确、有效。另外,采用了跟学生生活比较贴近的斗图表情包、小区邻居占用楼道、网络购物等案例,引导学生进行充分有效的探究,支撑材料与学习目标密切相关,活动之间逻辑结构清晰、完整,体现了教师的主导作用和学生的主体地位。

第三节　国家制度和国家机构相关教学设计范例及评析

“人民代表大会制度：我国的根本政治制度”教学设计

裴志新①

一、指导思想和理论依据

（一）指导思想

《关于深化新时代学校思想政治理论课改革创新的若干意见》中指出：“办好思政课，要放在世界百年未有之大变局、党和国家事业发展全局中来看待，要从坚持和发展中国特色社会主义、建设社会主义现代化强国、实现中华民族伟大复兴的高度来对待。”“全面推动习近平新时代中国特色社会主义思想进教材进课堂进学生头脑，把社会主义核心价值观贯穿国民教育全过程。”“不断增强思政课的思想性、理论性和亲和力、针对性。”“全面提升学生思想政治理论素养，实现知、情、意、行的统一。”②

《普通高中思想政治课程标准（2017 年版 2020 年修订）》中提到，“高中思想政治课程是落实立德树人根本任务的关键课程，以培育社会主义核心价值观为目的”“紧密结合社会实践”“培育政治认同、科学精神、法治意识和公共参与等核心素养”③；在“教学与评价建议”中指出：“要运用多种方式、方法，引导学生自主学习、合作学

① 裴志新，北京师范大学附属中学道德与法治学科教师，二级教师。

② 中共中央办公厅，国务院办公厅. 关于深化新时代学校思想政治理论课改革创新的若干意见[N/OL]. 中华人民共和国教育部公报，2019-09.

③ 中华人民共和国教育部. 普通高中思想政治课程标准（2017 年版 2020 年修订）[M]. 北京：人民教育出版社，2020：1.

习和探究学习,强调学生的活动体验是其思想政治学科核心素养发展的重要途径。”①

(二)理论依据

1. 建构主义理论。

建构主义认为,知识是学习者在一定的情境(即社会文化背景)下,借助他人(包括教师和学习伙伴)的帮助,利用必要的学习资料,通过意义建构的方式而获得。

2. 最近发展区理论。

最近发展区理论认为,学生的发展有两种水平:一种是学生的现有水平,指独立活动时所能达到的解决问题的水平;另一种是学生可能的发展水平,也就是通过教学所获得的潜力。两者之间的差异就是最近发展区。教学应着眼于学生的最近发展区,为学生提供带有难度的内容,调动学生的积极性,发挥其潜能,超越其最近发展区而达到下一发展阶段的水平,然后在此基础上进行下一个发展区的发展。

3. 问题思维理论。

问题思维理论认为,思维的核心是创新,思维起始于问题,是由问题情境产生的,以解决问题情境为目的。教师如何设置问题情境直接关系到探究教学过程的顺利进行,并影响学生进行创新思维的过程。

二、学情分析

《青少年法治教育大纲》中指出:“开展青少年法治教育,要高举中国特色社会主义伟大旗帜,以邓小平理论、‘三个代表’重要思想、

---

① 中华人民共和国教育部. 普通高中思想政治课程标准(2017 年版 2020 年修订)[M]. 北京:人民教育出版社,2020:41.

科学发展观为指导,深入贯彻习近平总书记系列重要讲话精神,全面贯彻党的教育方针,以培育和践行社会主义核心价值观为主线,以宪法教育为核心,把法治教育融入学校教育的各个阶段,全面提高青少年法治观念和法律意识,使尊法学法守法用法成为青少年的共同追求和自觉行动。"①

本课授课对象是高一年级学生。总体来说,通过初中道德与法治学科的学习,高一年级学生已经基本具备"刨根问底"的思维,即深究现象背后道理的能力。但由于眼界所限,他们的思维还停留在比较浅的表象层面,因此需要通过高中课程为他们提供更具思维性的问题设置,从而帮助他们增强认识的宽度、拓展思维的高度、加深思考的深度。

具体来看,大部分学生思维较活跃、课外资源信息量较大,但他们获取的资料呈现出片段化、表象化的特征(即认识停留在较浅的层面)。这一阶段不乏若干政治素养较高的学生(即能在一定程度上运用所学知识解决政治学科问题),但还有一部分学生政治学科素养较弱、知识面较窄(即对政治的关注度较少),他们片面地认为"这些制度只与成年人有关""现实生活与政治学科所学内容距离较远"。这种公民意识的淡薄实际上是落实全面推进依法治国理念、建设社会主义法治国家进程中的最大问题。同时,我们需要看到,学生在参加议题讨论、小组合作等活动时热情较高,特别是在课堂讨论等环节上尤为明显。

基于此,笔者确定以议题式教学方式进行本课教学设计,即通过设置总议题和分议题,通过在"议中学"的形式增进政治认同、强化法治意识、落实公共参与。

---

① 教育部,司法部,全国普法办. 青少年法治教育大纲[N/OL]. 中华人民共和国教育部公报,2016-06-28.

三、教材分析

这一部分内容设于高中《思想政治》必修三《政治与法治》分册第二单元第五课，主要内容是“人民代表大会制度：我国的根本政治制度”①。高一学生通过初中《道德与法治》八年级下册第三单元第五课第二个版块的学习，已经初步了解了我国的根本政治制度的内容。但是，初中学段着眼于“懂得”“理解”等知识层面以及比较浅显的能力要求层级，而高中学段更侧重于培养学生用历史和世界的视角分析问题的能力，培养学生用辩证唯物主义的观点看待问题的能力（培养科学精神），旨在帮助学生能够依据法律要求（强化法治意识）切实参与政治生活（落实公共参与），从而坚定对中国特色社会主义制度的制度自信，增进政治认同，将爱国情、强国志、报国行自觉融入实现中华民族伟大复兴中国梦之中，成为能担当民族复兴大任的时代新人，成为德智体美劳全面发展的合格建设者和接班人。

历史课和思政课都以落实立德树人为根本任务。关于人民代表大会制度这一内容，高中历史必修《中外历史纲要》（上）侧重从史实的角度对其进行介绍，即引导学生了解“根本政治制度”的确立；思政课则着眼于国家治理体系和治理能力现代化的高度来“走近人大代表”“了解人民代表大会”“认识人民代表大会制度”，从而增进学生的政治认同，增强学生的“制度自信”。

四、教学目标与重难点

（一）教学目标

政治认同：通过事例分析、课堂讨论、小组活动等方式，引导学

① 教育部组织编写. 普通高中教科书. 思想政治　必修 3　政治与法治[M]. 北京：人民教育出版社，2021：49.

生切实感受人民代表大会制度在保障人民当家作主中的作用，认同人民代表大会制度是适应中国发展的好制度，坚定“制度自信”。

科学精神：通过事例分析、小组活动等方式，引导学生从历史视角和全球视角分析说明人民代表大会制度的确立是历史的必然和人民的选择；引导学生能运用人民代表大会制度的知识分析解释现实中的具体问题，做到理论和实践相结合。

法治意识：通过议案撰写和分享等活动，引导学生懂得依法有序参与政治生活，做社会主义法治的忠实崇尚者、自觉遵守者和坚定捍卫者。

公共参与：通过议案撰写和分享活动，引导学生能够在今后的学习、工作和生活中积极主动寻找人大代表，正确、主动行使公民权利，以实际行动参与政治生活。

（二）教学重难点

1. 确定依据。

（1）这是以习近平同志为核心的党中央治国理政新理念新思想。

（2）这部分内容与学生实际生活距离较远，理解起来比较困难。

（3）课前，教师利用问卷星等进行单元前测，发现学生失分较多，疑惑大。

2. 教学重难点。

教学重点：人民代表大会制度的内容；全面分析我国的国家性质和国情，理解人民代表大会制度是适合我国国情的好制度。

教学难点：为什么确立人民代表大会制度为我国的根本政治制度？全面分析我国的国家性质和国情，理解人民代表大会制度是适合我国国情的好制度。

五、学习评价设计

（一）评价方式

1. 对教师的评价方式。

从教师的课堂组织能力、观察力、课堂管理和应变能力、与学生互动的效果以及教学目标是否明确、重点是否突出、是否突破课堂难点实现有效教学、是否满足学生需求等方面进行评价。

2. 对学生的评价方式。

及时评价：对学生的课堂参与积极性、回答准确度、任务完成情况等进行评价。

课后评价：通过批改学生作业，对学生的学习效果进行评价。

（二）学生评价内容

表 5-7　学生评价内容表

评价内容	评价标准（程度）			
	好	较好	一般	待改进
态度	非常主动，积极进行思考，主动发言。	想主动了解，比较爱思考，爱发言。	能主动了解，能参与课堂发言。	在课堂上表现被动，不乐于积极思考和主动发言。
认知	非常熟练掌握知识脉络和核心概念。	熟练掌握知识脉络和核心概念。	能掌握部分的知识脉络和核心概念。	仿佛知道，但又说不出来。
情感体验	充分获得成功的体验。	有成功的喜悦。	有一些成功体验。	成就感有待加强。

（三）评价量规

1. 对教师的评价。

教学目标及教学任务的制定是否符合学生的认知规律。

是否以学生的现实学情为基础设计教学环节。

是否有良好的课堂掌控能力及应变能力。

2. 对学生的评价。

参与课堂活动是否积极。

回答问题是否规范、准确。

参加小组活动时是否积极，进行合作时是否有助于彼此进步。

六、教学过程

总议题：为什么实现中华民族伟大复兴要坚持和完善我国的根本政治制度？

导入：时事介绍，引出根本政治制度。

【设计意图】

以时事引导学生关注本课核心问题，为后续任务的开展作铺垫；培养学生从全球视角看问题的能力。

分议题 1：什么是根本政治制度？

教师：在探讨我国根本政治制度（政体）之前，我们需要了解其内涵，即“国家权力属于谁”“权力如何分配”“权力由谁执行”等问题。请以小组为单位，参照任务单完成任务（课件呈现任务单要求）。

1. 新中国的权力属于（　　）？并说明理由。
A. 君主　B. 有产者　C. 人民大众
理由是什么？________________________
2. 新中国的国家权力如何分配（即权力分成几个部分）？
____
3. 哪个国家机关负责执行权力？
____

图 5-7　任务单

学生活动：学生以小组为单位探讨上述问题，教师从旁予以指导。

学生1:新中国的权力属于人民大众。理由是:根据毛泽东和黄炎培“窑洞对”的内容,只有权力属于人民,才能跳出“历史周期率”,保证国家长治久安。另外,根据我国宪法规定,我国是工人阶级领导的、以工农联盟为基础的人民民主专政的社会主义国家,国家的一切权力属于人民。

教师:这位同学非常棒,根据“窑洞对”的内容得出“国家权力属于人民”,并引出我国的国家性质(国体)。

学生2:新中国的权力划分为立法权、行政权、司法权和监察权。

教师:我国国家权力划分既有一般国家特征(立法、行政、司法三权),也有独属于我国的特征(监察权)。

学生3:负责执行权力的是行政机关(人民政府)。

教师:在了解了根本政治制度(政体)内涵的基础上,如何将其架构以符合新中国的实际需要和发展要求呢?我们看第二个任务。

【设计意图】

引导学生分析本课的核心问题。学生以小组为单位,根据教师布置的任务探讨“国家权力所属”“国家权力如何分配”等问题,为开展下一环节做好准备。

分议题2:为什么说人民代表大会制度的确立是历史的必然和人民的选择?

教师:请以小组为单位,从中国历史上唐朝、明朝的根本政治制度以及美国的三权分立制中,选择新中国的根本政治制度,并给出选择理由或不选择理由。

学生活动:学生以小组为单位进行研讨,教师从旁予以指导。

教师:请同学做出自己的选择并说明理由。

学生1:我不选择历史上唐朝、明朝的根本政治制度,因为它们都是君主专制制度,不符合新中国保障人民当家作主的要求,所以我们组不选择它。

教师:新中国的根本政治制度要保障人民当家作主。

学生2:美国的三权分立制,会导致权力分立,相互掣肘,效率低下,所以我们组不选择它。

教师:新中国的根本政治制度要坚持民主集中制原则。

教师总结:人民代表大会制度这一根本政治制度既保障了人民当家作主又满足了民主集中制的要求,所以说它是历史的必然,更是人民的选择。

【设计意图】

学生以小组为单位,通过运用所学知识从历史视角(纵向维度)和全球视角(横向维度)进行分析比较,得出人民代表大会制度是历史的必然、人民的选择,有助于突破教学难点,从而培养学生以历史视角和全球视角看问题的能力。

教师:大家已经了解了人民代表大会制度是历史的必然和人民的选择,请用图示呈现人民代表大会制度的内容。

学生活动:每个学生单独完成,教师从旁予以指导。

教师:学习强调“知行合一”,请运用人民代表大会制度的内容说明某市某区各国家机关之间的关系(用课件呈现某市某区主要国家机关位置图)。

学生1:根据人民代表大会制度的内容,某区人民代表大会及其常务委员会是该区权力机关,区人民政府、区监察委员会、区人民法院、区人民检察院都由其选举产生,对其负责,受其监督。

教师:还有没有补充?

学生2:某区各国家机关坚持民主集中制原则。

教师:非常好。其实,政治离我们并不远,我们可以运用所学知识解决现实中的很多问题。

【设计意图】

通过图文转化,引导学生加深对人民代表大会制度的理解;通过运用根本政治制度的内容解释某区各国家机关的关系,引导学生"理论联系实际",运用所学解决现实问题,实现"知行合一"。

分议题3:人民代表大会制度在保障人民当家作主方面发挥了什么样的作用?

教师:课前我们请各位同学对家长做了问卷调查。结果显示家长最为关心的问题分别是:教育、医疗、停车、垃圾分类、城市建设(用课件呈现调查结果)。我们已经分小组撰写了议案并进行了若干次修改。下面请各组派代表依次汇报。

学生1:

我们组的案由:某区中小学心理健康教育问题。该议案形成于人代会前,在调研中形成。

案据:经调查,某区大部分的中小学都没有开设心理课,许多学生由于学习压力过大产生心理问题,甚至与他人发生冲突。他们无处倾诉、无人引导,也无法运用合理的方式自我疏解。由此可见,不开设心理课会对学生的身心健康产生不良影响,也不利于美好校园建设。

我们提出的解决方案:建议区教委出台文件要求各中小学每周开设一节心理课,并加大对心理教师的培养力度,以此解决中小学生心理健康问题。

学生2:

我们组的案由:某区某镇垃圾清运车在清运环节无分类的问题。该议案形成于人代会前,在调研中形成。

案据:某镇是一座新兴城镇,有着现代化的城市风貌。本代表团在该镇各小区调查中发现,垃圾清运车在清运垃圾时,将分好类的垃圾倒入一个车厢内。经调查,大部分的垃圾车并无分类。这种不利于循环利用资源、浪费资源，不利于美丽中国建设的做法必须予以纠正并协同各部门解决。

我们提出的解决方案：建议区政府的住建部门、环保部门协调解决此问题。

学生3：

我们组的案由：完善某镇排水设施。该议案形成于人代会前，在调研中形成。

案据：某镇人口多、密度大，城市排水设施不完善，夏季暴雨天气频繁，街道容易积水，形成内涝，给该镇人民的生活造成诸多不便，并带来严重的经济损失。

我们提出的解决方案：建议气象、规划、交通、建设等部门进行协商，修、改建地下排水设施。

学生4：

我们组的案由：某镇停车费用高、停车位少的问题。该议案形成于人代会前，属于受他人委托的议案。

案据：某镇为新兴城镇，发展迅速，私家车保有量近几年迅速增长，导致下列问题出现：(1)该镇两所义务教育学段的学校周边停车位收费均1小时起计价，而邻近地区停车场不足0.5小时按半价收费；(2)在该地区某些大型商场周围，因车位较少，经常造成周边地区出现交通严重堵塞现象。

我们提出的解决方案：市政、路政等政府部门需要协商解决此问题。

学生5：

我们组的案由：某区中小学生课外补习时间过长。该议案形成于人代会前，在调研中形成。

案据：据调查，本班有32名同学，参加补课的学生为20人，占本班人数的65%。周末休息时间(不含睡眠)有30小时，然而平均每名同学上课外班的时间有6.5小时，占到周末休息时间的21%。过多地参加课外补习影响了学生的正常休息,不利于青少年的身心健康与成长。

我们提出的解决方案:建议区教委联合相关部门规范校外培训机构。

学生6:

我们组的案由:某镇医疗设施不齐全。该议案形成于人代会前,在调研中形成。

案据:某镇人口多,密度大,但该镇的医疗设施还不够健全,没有综合性大医院,仅有一个卫生所,医疗资源紧张。因此,我们建议在该地区兴建一座综合性医院,完善医疗设施,满足人民日益增长的卫生健康需要。

我们提出的解决方案:建议卫生、规划、发改委等相关部门协同解决此问题。

教师:以上六个小组都善于用双眼发现问题、用头脑分析问题、用双手解决问题,他们的议案汇报不仅有数据分析、事实依据、解决措施,更体现了"美丽中国""人与自然和谐共生""满足人民的美好生活需要"等党和国家的价值理念追求。这些都体现了政治课程知识和理念在现实生活中的应用,也体现了人民代表大会制度在保障人民当家作主方面的作用。

【设计意图】

引导学生发现问题、分析问题、解决问题,这是本课的落脚点。在本环节,学生通过调查研究、撰写并分享议案,将思政小课堂与社会大课堂相结合,提高了学生依法参与国家政治生活的能力,让他们切实感受到了人民代表大会制度在保障人民当家作主方面的重要作用,从而增强政治认同,坚定制度自信。

总结:总结概括,认同制度

教师:"履不必同,期于适足;治不必同,期于利民",也就是常说的“鞋子合不合脚,只有穿的人才知道”一个国家实行什么样的制度,这个国家的人民才最有发言权。本节课证明人民代表大会制度是我国“历史的必然和人民的选择”,是“符合中国国情的好制度”。

我们通过本课的学习,引导学生发现问题、分析问题并逐步解决问题,是在“用双眼观察世界”“用双脚丈量中国”“用双手共圆梦想”,这也说明“无穷的远方,无数的人们,都和我有关”。

【设计意图】

通过展示习近平总书记关于人民代表大会制度的重要论述,引导学生进行总结与提升,从而在学生心中埋下“真善美”的种子,进而增进制度认同,坚定道路自信和制度自信。

七、教学反思

1. 统编版思想政治学科教材坚持落实“立德树人”的根本任务,依托知识实现价值的引领和提升,从而坚定学生的制度自信、落实政治认同。

2. 本节课容量大、理论深、难度大,实施起来有相当大的难度,所以需要教师在课前准备、课上实施和课下反馈等方面下大量的功夫,所以更需要充分把握学情,了解学生的“已知”和“未知”,使教学更具针对性,以做到“事半功倍”。

3. 本节课采取了议题式教学法,即通过总议题、分议题的设置,通过合理的情境设置和问题设计推进课程,为思想政治学科的教学提供了有益参考。但是,由于议题式教学的研究尚浅,因此如何在思想政治课程教学中的实践,还需要做进一步的探索。

◎范例评析

“人民代表大会制度:我国的根本政治制度”教学设计采用议题式教学法,通过为学生布置合适的学习任务,引导学生发现、分析并最终解决问题，从而坚定对马克思主义的信仰，坚定“四个自信”，厚植爱国主义情怀，把爱国情、强国志、报国行自觉融入坚持和发展中国特色社会主义事业、建设社会主义现代化强国、实现民族伟大复兴的奋斗之中。授课前，教师利用“问卷星”进行前测以精准诊断问题、精准分析学情，从而精准制定教学目标，进而精准实施教学，是教学设计的特色之一。

《普通高中思想政治课程标准（2017 年版 2020 年修订）》指出，思政课以培育社会主义核心价值观为目的，是帮助学生确立正确的政治方向、提高思想政治学科核心素养、增强社会理解和参与能力的综合性、活动型学科课程。本教学设计通过一系列活动及其结构化设计，实现了“课程内容活动化”“活动内容课程化”；以议题式教学法，通过总议题和分议题的设置，使课程在师生互动、开放民主的氛围中进行；通过问题情境的创设和社会实践活动的参与，促进学生转变学习方式，在合作学习和探究学习的过程中，培养他们的创新精神，提高他们的实践能力，落位核心素养。

在总议题之下，通过三个分议题进行层层深入的分析：通过以历史视角和国际视角进行综合对比，得出“确定人民代表大会制度为我国的根本政治制度是历史的必然和人民的选择”这一结论，做到了“坚持灌输性和启发性相统一”；通过设置“活学活用”环节，运用所学内容解释某区各国家机关的关系，模拟人大代表撰写议案活动等将思政小课堂和社会大课堂有机结合起来，引导学生立鸿鹄志、做奋斗者，做到了“坚持理论性和实践性相统一”；通过课堂活动寓价值观于知识的传授之中，做到了“坚持知识性和价值性相统一”。课程最后用重要论述进行总结提升，切实做到了推动新思想进课堂、进教材、进学生头脑，发挥新思想的铸魂育人作用，为“拔节孕穗期”的青少年提供了最宝贵的精神给养。

“国家司法机关”教学设计

设计者:闫建琴① 指导教师:房莉②

一、指导思想和理论依据

本课依据的《青少年法治教育大纲》的相应部分是“青少年法治教育的内容”中初中阶段的教学内容与要求。具体要求为:“初步了解政府依法行政的基本原则,了解重要国家机构的职权”“初步了解政府运行的法治原则”“初步了解我国司法制度的基本原则,建立尊重司法的意识。”③

二、学情分析

“刨根问底”是人类思维的一个重要特点,尤其是青少年学生。通过第五课的学习,学生了解了宪法规定的国家基本制度,他们会进一步追问:我们有哪些国家机关?它们各自有哪些职权?所以,本课讲述“我国国家机构”顺应了学生思维发展的规律,有利于帮助他们深化依法治国和依宪治国的认识,培养他们的法治意识。

在日常生活中,学生会遇到一些国家机关。例如,上学的时候,可能要与学校的上级行政主管部门,即教育局(教育委员会),发生联系;看病的时候,可能要与主管医疗保险的人力资源和社会保障局打交道;街坊邻居有人打官司的时候,他们会想到运用哪些法律,这些法律是哪个国家机关制定的,到哪个国家机关去打官司;等等。他们会琢磨,我们为什么要与这些部门打交道?除这些

---

① 闫建琴,北京市门头沟区三家店铁路中学道德与法治学科教师,二级教师。

② 房莉,北京市门头沟区教育研修学院初中道德与法治研修员,高级教师。

③ 教育部,司法部,全国普法办. 青少年法治教育大纲[N/OL]. 中华人民共和国教育部公报,2016-06-28.

部门外,我国还有哪些国家机关？这些国家机关各自有哪些职权？等等。

基于以上学情,本教学设计旨在引导学生认识到诸多政治现象背后的国家机关及其职权,认识到国家机关在维护人民当家作主方面发挥的重要作用。

三、教材分析

《道德与法治》八年级下册第三单元着重介绍宪法规定的国家制度和国家机构,是前两个单元的延续和深化。八年级是学生道德与法治意识和行为形成的重要时期,通过本单元的教学,学生可以了解国家制度如何保证人民当家作主、国家机构如何实现人民当家作主的。这有助于增强他们对中国特色社会主义制度的自信,增强他们的政治认同;增强他们的道德意识和法治意识,引导他们养成遵守道德和法律的良好习惯,为他们在今后的人生道路上做合格公民奠定基础。

四、教学目标与重难点

(一)教学目标

情感、态度与价值观目标:引导学生正确认识人民法院和人民检察院独立行使审判权和检察权的重要意义,引导他们自觉尊重国家司法机关,从而在生活中敬畏法律,不断增强法治意识。

能力目标:培养学生运用所学知识分析问题、解决问题的能力,初步学会依靠司法机关维护自己的合法权益。

知识目标:引导学生掌握人民法院和人民检察院的性质、组织体系、职权和要求。

(二)教学重难点

教学重点:了解人民法院和人民检察院的性质和职权。

教学难点：认识和理解司法机关如何独立行使职权。

五、学习评价设计

本节课学习效果评价项目分两部分：一是课堂学习情况，评价内容围绕课堂上学生是否认真听讲，独立思考，积极发言，有独特的见解，积极参与集体讨论，善于与人合作，能有条理地表达自己的想法，对所学内容有听课笔记；二是学生的课堂作业完成情况，评价内容围绕作业的完成是否字体工整，整体美观，准确性高，知识灵活运用，有创造性。

六、教学过程

环节一：导入新课

【教师活动】

播放视频《法治中国》第四集“公正司法”片段。

提问：

1. 视频中多次提到哪些词？

2. 根据你的经验，我国司法机关有哪些？

【学生活动】

学生观看视频后回答问题，自由发言。

【设计意图】

吸引学生注意力，引发他们的思考，促使他们快速进入学习状态。

环节二：阅读材料

【教师活动】

展示学习任务单，组织学生阅读教材。

【学生活动】

用5分钟的时间快速浏览课本，思考并解决相关问题。

【设计意图】

学生带着问题阅读教材,培养学生的自学能力。

环节三:案例分析

【教师活动】

1. 播放“于欢故意伤害案始末”视频。

2. 展示视频中山东省聊城市中级人民法院对此案的一审判决书图片。

提问:从这张图片中,我们可以解读出哪些信息?

总结:人民法院的性质、组织体系及职权。

3. 本案引起了广泛的社会关注和争议。

展示图片:最高人民检察院和山东省人民检察院发布的公告。

提问:为何最高人民检察院和山东省人民检察院对案件事实、证据进行全面审查?

总结:人民检察院的性质、组织体系及职权。

4. 播放检察院调查结果的视频片段一:“是否正当防卫。”

提问:检察院在调查时一直强调“要在坚定的事实的基础上”,根据调查认定的事实和证据,还原了事实的真相。这说明检察院的工作要求是什么呢?

师生总结:各级人民检察院的工作人员,必须忠实于事实真相,忠实于法律,忠实于社会主义事业,全心全意为人民服务。

播放检察院调查结果的视频片段二:“警方处置是否合理。”

提问:对民警的调查又体现了什么样的工作原则?

师生总结:人民检察院依照法律规定独立行使检察权,不受行政机关、社会团体和个人的干涉。

5. 播放“于欢故意伤害案”二审庭审视频。

提问:山东省高级人民法院是基于什么做出改判的呢? 从中我们可以看出法院的工作要求是什么?

师生总结：人民法院在司法活动中，必须坚持以事实为根据、以法律为准绳，依法独立公正行使审判权，不受行政机关、社会团体和个人的干涉。

6. 观点争锋。

提问：司法活动是否应该受到舆论的影响？

观点一：司法活动应当受到舆论的监督，倾听人民的声音并回应民意。

观点二：有些报道过于渲染犯罪情节，有的随意发表有倾向性的定罪意见，干扰公正审判。

提问：你怎样看待这两种观点？司法活动是否应该受到舆论的影响？

点拨：司法公正和社会舆论监督是现代民主社会不可或缺的两个基本要求。司法活动向新闻媒体公开，接受社会舆论监督，是司法公正的标志之一。但社会舆论是一把双刃剑，既有可能促进司法公正，也有可能阻碍司法公正。作为司法人员，要始终坚持以事实为根据，以法律为准绳，公开独立行使职权；同时又要做到公开透明，与社会舆论良性互动，确保司法公正。

7. 学生活动。

(1) 观看视频，了解案情。

(2) 运用所学知识自主探究。

(3) 小组讨论，进行课题辩论。

【设计意图】

通过观看视频，引导学生了解司法程序，提升学生学法、尊法、守法、用法的意识；培养学生运用所学知识分析司法案件的能力；了解检察院的职能、职责及工作原则，解决本课难点；了解民警属于行政机关工作人员，人民检察院依照法律规定独立行使检察权，不受行政机关、社会团体和个人的干涉；通过讨论，提高学生合作学习、分析问题的能力，培养一分为二看待问题的辩证思维，增强法治观念。

环节四：课堂小结

教师展示知识体系，学生自主总结，完成表格。

【设计意图】

以图表的形式呈现，有利于学生把知识体系化，同时可以对比两者的不同，更好地理解知识。

【教学流程图】

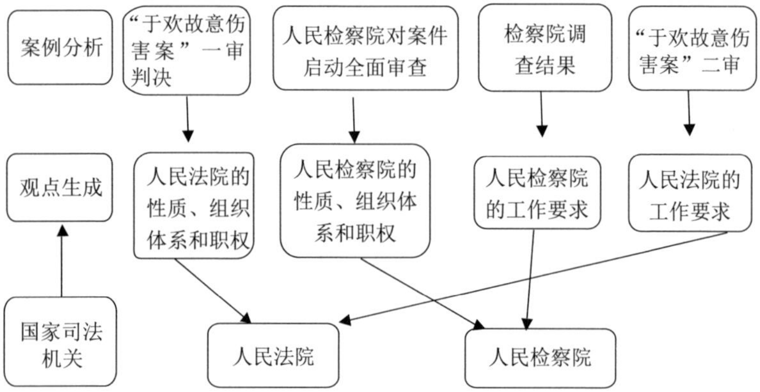

图 5-8　教学流程图

七、教学反思

（一）特色

本教学设计特色体现在以下几个方面：

1. 充分开发课程资源。八年级的学生，总体上看还处于感性思维为主的阶段，而本课的教学内容是国家机构，与他们的日常生活有一定距离。为了克服这个矛盾，笔者在教学中运用了“于欢故意伤害案”这一社会热点案例，让他们在了解案例、分析案例、解决问题的过程中了解我国司法机关。

2. 法治教育与道德教育相融合的策略。本课内容主要是法治教育,但在教学中,笔者找到了法治教育与道德教育的结合点。要对学生进行法治教育,也要对学生进行道德教育。公平正义是社会主义核心价值观的重要内容,德治与法治是紧密相连的,司法机关只有依法独立行使职权,才能捍卫社会的公平正义。

3. 教学生活化策略。教学要回归生活世界,用生活化问题来引导学生对知识的学习,用生活化例证来深化学生对知识的理解,用生活化的形式来活化学生对知识的学习,用生活化情境来检验学生对知识的学习。这些生活化的问题不仅会引导学生层层深入探究,而且能够引导学生学以致用,使他们真正认识到国家机构是人民利益的执行者和捍卫者。

(二)课后反思

囿于学生的生活经验和认知特点,尽管通过视频、案例进行了介绍,但国家司法机关对学生来说仍然相对陌生,尤其是对国家司法机关具体的职能、职责、运行机制等内容,仅通过课堂讲授,学生了解还是很有限的,且了解不够透彻。在时间和条件允许的情况下,增加实践课的设计,带领学生走进法院、检察院,近距离了解国家司法机关,让学生产生直观、感性的认识,效果会更好。

◎范例评析

“国家司法机关”教学设计有以下几个值得肯定的地方:

第一,从学生学情出发,以学定教。课前,教师做充分的学情调查研究,了解学生的知识储备、生活经验和能力水平,为学生创设最适合学生认知发展区的教学设计,力争实现最好的教学效果。同时,也有助于为学生搭建合适的学习“脚手架”提供支撑,让学生顺利跨越原本有些难度的发展区,主动完成知识的建构。

第二，资源联系生活，激发学习兴趣。本节课充分开发课程资源，采用社会热点案例，一案到底，贯穿所学。课堂设计科学合理，符合学生认知的发展规律，充分挖掘社会资源引入课堂，学生易于接受，能引发学生思考，调动学生的学习积极性，在了解案例、分析案例、解决问题的过程中实现法治教育与道德教育二者的有机融合。

第三，问题情境化，启发激活思维。本节课根据具体情境设计了有层次、有梯度的问题。在学习资源和任务的设定中，通过对学生问题的讨论、探究激发学生探讨问题的内动力，学生在具体的、实际的情境中思考、探究、体验、感悟，进而明白与司法机关相关的知识。

第四，目标素养化，落实立德树人。本课在教学目标的设计上，有意识地培养学生的法治观念、政治认同的核心素养，落实立德树人的根本任务。在教学中，教师搭建学生自主学习的平台，并在任务设定中注重学生在沟通与团队合作过程中团队协作能力的提升，从而践行公共参与素养。

第四节　“崇尚法治”相关教学设计范例及评析

“公平的价值及追求”教学设计

韩晓雨[①]

一、指导思想和理论依据

（一）指导思想

中国共产党第二十次全国代表大会报告指出：“我们要坚持走

① 韩晓雨，北京市西城区德胜中学道德与法治学科教师，二级教师。

中国特色社会主义法治道路，建设中国特色社会主义法治体系、建设社会主义法治国家，围绕保障和促进社会公平正义，坚持依法治国、依法执政、依法行政共同推进，坚持法治国家、法治政府、法治社会一体建设，全面推进科学立法、严格执法、公正司法、全民守法，全面推进国家各方面工作法治化。"①

（二）理论依据

《义务教育道德与法治课程标准（2022年版）》明确了本学科五大核心素养，落实到本课教学内容则具体为：在政治认同层面要引导学生践行和弘扬社会主义核心价值观，不断加深对社会主义核心价值观的理解，打牢认同中国特色社会主义的思想基础；在科学思维层面要鼓励学生探究、讨论，提高价值辨析能力，提升学生对于现实问题的洞察力、判断力、辨别力；法治观念注重引领学生崇尚法治精神、增强法治意识，认同并遵循中国特色社会主义法治的思想理念及价值取向。

二、学情分析

初中学生正处于人生发展的重要阶段，这一时期在人的一生中无论生理上还是心理上都是一个急剧变化的关键时期。少年期的学生的心理发展具有变化大、周期短的特点，并且充满着依赖与独立、幼稚与成熟等种种错综复杂的矛盾。教师必须充分认识和掌握这一根本特点，并针对这一特点进行有针对性的教育，促使其顺利、健康地完成向成年期的过渡。

例如，少年期的初中学生可能出现校园欺凌、弄虚作假甚至违法乱纪等行为，教师一方面要进行严肃的批评教育和正确的价值引

---

① 习近平.高举中国特色社会主义伟大旗帜　为全面建设社会主义现代化国家而团结奋斗——在中国共产党第二十次全国代表大会上的报告[J].中国人大，2022(21)：15.

导,引导学生分辨是非、积德扬善、伸张正义;另一方面不能简单粗暴地厉言呵斥,给学生"扣"上"差生"的帽子,迫不及待地贴上"朽木不可雕"的标签。教师应诉诸有效引导与智慧点拨,用发展的眼光看待学生,耐心等待学生内心生命的自我唤醒,等待学生自我成长拔节的声音,等待学生内心花开的芬芳,使师生在改错纠偏的征程中共同成长。

中学是学生的世界观、人生观、价值观形成的重要阶段,这些观念需要经由学生的独立思考和亲身实践才能真正内化。本课内容的设计将深刻的理论蕴含在鲜活的生活主题中,鼓励学生自主地进行探究、体验,通过学生的道德践行和生活实践,促进法治素养和道德品质的知行统一。

基于以上学情考虑,本课结合设计了"公平正义的价值"和"公平正义的守护"两个版块内容,其目的是帮助学生初步形成维护公平的意识。教师要引导学生在本课的学习过程中,不仅课堂上要积极思考,主动质疑,在日常的学习和生活中也要努力践行公平。

三、教材分析

《道德与法治》八年级下册教材以宪法精神为主线,通过全面介绍宪法,开展公民意识教育与国家意识教育,引领学生崇尚法治精神,增强法治意识。

第八课《维护公平正义》由引言和两个版块内容组成。[①] 引言揭示出法治与公平正义的内在关联,提出公平正义的实现需要法治的保障,即通过科学立法、严格执法、公正司法、全民守法,促进公平正义。

第一个版块"公平正义的价值",主要阐述公平的内涵,以及公

① 教育部组织编写.义务教育教科书　道德与法治　八年级　下册[M].北京:人民教育出版社,2021:106.

平的意义和价值，帮助学生体会到公平是一个美好社会应有的价值。

第二个版块"公平正义的守护"，探讨如何实现公平正义。主要从个人和法律制度两个层面进行立意和阐述，让学生初步形成维护公平的意识。

本次新授课将第一个版块与第二个版块关于"公平"的内容进行重构整合，以主题的形式进行整体教学，以便学生更完整、更深入地理解学习内容。

四、教学目标与重难点

（一）教学目标

1. 通过以"家庭财产怎么分"为主题的小组探究活动，引导学生正确认识公平的含义和丰富内涵，提高他们的科学思维能力。

2. 通过有关"教育公平"话题的观点辨析活动，引导学生客观、理性、辩证地看待实际生活中身边发生的事情，体会公平在社会生活中的价值，提高学生体验公平的实践能力。

3. 通过"荣誉该给谁"微辩论，引导学生掌握如何捍卫、坚守公平的本领，引导学生领悟公平是法治社会的核心价值。

（二）教学重难点

教学重点：公平的内涵和价值。

教学难点：如何捍卫、坚守公平。

五、学习评价设计

（一）评价方式

1. 对教师的评价方式。

从教师的课堂组织能力、观察能力、课堂管理和应变能力，与学生互动的效果以及教学目标是否明确，重点是否突出，是否突破课堂难点实现有效教学，是否满足学生需求等方面评价教师。

2. 对学生的评价方式。

及时评价：对学生的课堂参与积极性、回答准确度、任务完成情况等进行评价。

课后评价：通过批改学生的作业，对学生的学习效果进行评价。

（二）学生评价内容

表 5-8　学生评价内容表

评价内容	评价标准（程度）			
	好	较好	一般	待改进
态度	非常主动，积极进行思考和主动发言。	主动想了解，比较爱思考，爱发言。	能主动了解，能参与课堂发言。	在课堂上表现被动，不乐于积极思考和主动发言。
认知	非常熟练掌握知识脉络和核心概念。	熟练掌握知识脉络和核心概念。	能掌握部分的知识脉络和核心概念。	看似知道，但又说不出来。
情感体验	充分获得了成功的体验。	有成功的喜悦。	有一些成功体验。	成就感有待加强。

（三）评价量规

1. 对教师的评价。

（1）教学目标及教学任务的制定是否符合学生的认知规律。

（2）是否以学生的现实学情为基础设计教学环节。

（3）是否有良好的课堂掌控能力及应变能力。

2. 对学生的评价。

（1）参与课堂活动是否积极。

（2）回答问题是否规范、准确。

(3)是否积极参加小组活动,学生间的合作是否有助于彼此进步。

六、教学过程

游戏导入:“投篮”小游戏

教师:制定游戏规则,请五位相对位置不同的同学将纸团投掷进“篮筐”。你认为本游戏的规则有什么问题?

学生:踊跃参与导入游戏,体验规则对参与者赢得比赛的重要性。

教师:总结引出课题——公平是社会美好的价值追求。那么什么是公平?我们应该如何捍卫、坚守公平呢?

学生:结合游戏,谈谈自己对游戏规则是否公平的看法。

【设计意图】

结合游戏导入,激发学生的兴趣,初步引导学生思考自己对公平的理解,巧妙引出课题。

探究一:初识公平——家庭财产怎么分?

教师:一位老父亲临终前要把四锭黄金分给三个儿子。

小组讨论:假如你是这位父亲,你会怎样分配黄金?你的分配方案公平吗?是如何体现的?

学生活动:阅读三个儿子各自的特点,思考如何分配黄金。小组讨论各自的分配方案所依据的原则和标准。

教师:总结你们提出的分配方式体现的原则,归纳总结公平的内涵。

【设计意图】

通过这个开放性情境案例,引导学生培养多角度思考问题的能力,并能够有理有据地提出解决问题的方案。引导学生从不同方面说出对公平的理解,通过具体情境帮助学生生动地理解抽象的概念。

探究二:辨识公平

教师:(展示 2022 年清华大学录取分数线)同一份试卷、付出同样的努力、考出了一样的分数,但江西和宁夏的录取线相差甚远。你认为这样的录取分数线是否公平? 为什么?

学生活动:根据生活体验思考并回答问题。

教师归纳总结:公平对个人的价值——公平是个人生存和发展的重要保障。

教师:(基于以上讨论,继续出示材料)因为录取分数线的不同,“高考移民”在社会中大量出现。“高考移民”现象是否公平? 长此以往会带来什么影响?

学生:在老师的引导下,进一步思考公平的价值。

【设计意图】

通过数据,让学生直观地领悟、理解公平对个人、对社会的重要价值。

从相反的角度让学生感受到,不公平的社会现象对个人、社会所产生的严重损害,增强其责任感,也为下一环节学习如何捍卫、坚守公平做铺垫。

探究三:共识公平——微辩论

教师:学校社团优秀社长的荣誉称号给谁更公平? 老师与其他社员沟通后仍认为荣誉称号属于副社长,但社长认为老师处理得不公平。假如你是社长,面对老师的“不公平”对待,你会怎么做?

学生:自主思考,做出价值判断;交流分享观点及理由;针对老师的追问,设身处地不断深入思考应如何捍卫公平。

教师:老师进一步提出了解决冲突的方法,但社长仍坚定地认为受到不公平对待。假如你是老师,面对学生可能会遭受“不公平”对待的情况时,你会怎么做?

学生:跟随故事情境,继续换位思考,从不同角度思考如何捍卫公平。

【设计意图】

利用学校内发生的真实案例设置情境和创设问题,激发学生的学习兴趣,从不同的立场和角度,引导学生思考和体验在发生利益冲突时,学会运用合理合法的方式捍卫、坚守公平,帮助学生把学习的观点内化于心、外化于行。

总结:总结概括

教师:我们站在公平的立场,以公平之心为人处世。通过制度保障公平,保障每个人得到他应得的,切实维护当事人的合法权益。

作业设计:拓展空间——体验公平

针对课前导入游戏,做以下工作:

1. 请你修改游戏规则,以保障公平的活动原则。

2. 活动规则一旦制定,大家必须严格遵守。

3. 在实践中检验规则的可行性和实际效果,进一步完善活动规则。

【设计意图】

由学生制定规则,通过实践参与比赛,引导学生共同体验比赛中的公平。本设计旨在以游戏的形式调动学生参与的积极性,通过实践对规则进行修改完善,更好地让学生体验公平、捍卫公平。

七、教学反思

(一)特色

1. 思政课是落实立德树人根本任务的关键课程,授课前教师精准分析学情,从而精准制定教学目标,进而精准实施教学。本节课通过议题式教学法,通过为学生布置合适的学习任务,利用学校内发生的真实案例设置情境和创设问题,激发学生的学习兴趣,从不同的立场和角度,引导学生思考和体验在发生利益冲突时,学会运用合理合法的方式捍卫、坚守公平，帮助学生把学习的观点内化于心、外化于行。

2. 本节课的设计打破了教材结构，按照学生的认知逻辑将相关内容整合为：公平的内涵、公平的价值及意义、如何追求公平。通过一系列活动及其结构化设计，实现“课程内容活动化”“活动内容课程化”；以议题式教学法，通过游戏导入及系列探究活动的设置，促进学生在合作学习和探究学习的过程中，培养创新精神，提高实践能力，落实核心素养。

（二）课后反思

1. 本节课学习内容理论性较强，因此在后续教学中，要在课前做足充分准备，充分把握学情，了解学生的“已知”和“未知”，使教学更具针对性，做到“事半功倍”，以便于选取更符合学生生活实际的案例，充分调动学生的学习兴趣，从而推动学生对抽象内容的深度理解。

2. 本节课采取了议题式教学法，即通过议题的设置，通过合理的情境设置和问题设计推进课程，为思想政治学科的教学提供了有益参考。但是由于对议题式教学的研究尚浅，因此如何在思想政治课程教学中实践，还需要做进一步的探索。

“科学立法”教学设计

设计者：吴禹霏①　指导教师：韩娟②

一、指导思想和理论依据

（一）指导思想

中国共产党第二十次全国代表大会报告指出：“加强重点领域、

① 吴禹霏，北京市第八中学京西校区政治学科教师，二级教师。
② 韩娟，北京市门头沟区教育研修学院高中政治研修员，高级教师，市级骨干教师。

新兴领域、涉外领域立法，统筹推进国内法治和涉外法治，以良法促进发展、保障善治。推进科学立法、民主立法、依法立法，统筹立改废释纂，增强立法系统性、整体性、协同性、时效性。完善和加强备案审查制度。坚持科学决策、民主决策、依法决策，全面落实重大决策程序制度。”①

根据课程标准的指导，构建以培育思想政治学科核心素养为主导的活动型学科课程，实现“课程内容活动化”“活动内容课程化”。本设计综合评价学生的理论思维能力、政治认同度、价值判断力、法治素养和社会参与能力等，全面反映学生政治学科核心素养的发展状况。

（二）理论依据

1. 建构主义理论。

建构主义理论认为，学生学习的过程就是在自己原有经验的基础上不断建构新的知识经验的过程，教师扮演指导者、帮助者和促进者的角色，为学生创造尽可能真实的环境，提供交流、对话、合作的机会，引导学生从原有的知识经验中不断生长出新的知识经验。

2. 最近发展区理论。

最近发展区理论主张，为学生提供带有难度的内容，调动学生的积极性，发挥其潜能，超越其最近发展区而达到下一发展阶段的水平，然后在此基础上进行下一个发展区的发展。

二、学情分析

本课授课对象为高一年级学生。从学生已有知识角度看，学生在初中阶段对“法”的基本知识有所了解，但缺乏对“立法”的系统性

---

① 习近平. 高举中国特色社会主义伟大旗帜　为全面建设社会主义现代化国家而团结奋斗——在中国共产党第二十次全国代表大会上的报告[J]. 中国人大，2022(21)：15.

认识。从学生能力角度来看，学生在收集资料、处理资料方面能力较强，因此，本节课设计了学生收集材料、分析材料、展示材料的环节。

三、教材分析

（一）基于课程标准的要求

1. 内容要求：搜集材料，阐述科学立法、严格执法、公正司法、全民守法的基本要求。

2. 教学提示：以“公民参与立法有什么意义、有哪些途径”为议题，探究推进科学立法、民主立法、依法立法，以良法促进发展、保障善治的意义，理解公民依法行使民主权利的制度。可观看有关人大会议的录像，或旁听地方立法听证会，以“我的立法建议”为题组织讨论，解析公民有序参与立法的方式和途径。

（二）教学内容分析

本课是普通高中《思想政治》必修3第三单元第九课的内容，共包含两个版块：第一个版块“科学立法的内涵”，阐述科学立法的含义及原则。第二个版块“推进科学立法”，阐述实现科学立法，必须依法立法，充分发扬民主，合理设定权利与义务、权力与责任。

从本课内容看：《全面依法治国的基本要求》阐明了建设社会主义法治国家的基本要求，即科学立法、严格执法、公正司法、全民守法。科学立法是全面推进依法治国的前提，四个方面紧密联系，相辅相成，缺一不可。

从本单元课程内容看：《全面依法治国的基本要求》承接第八课《法治中国建设》的内容，两课是递进关系，共同呈现了全面依法治国的实现方式。

从本册课程内容来看，《政治与法治》以“中国共产党的领导”

“人民当家作主”“全面依法治国”三个单元有机统一为主线。本单元以“全面依法治国”为主题，与前两个单元构成了相互联系、密不可分的有机整体。

四、教学目标与重难点

（一）教学目标

1. 通过“2020 年立法成果展”使学生全方位了解我国立法的成就，明确科学立法的原则，增强学生对我国法治建设的认同感。

2. 通过设计“《中华人民共和国反食品浪费法》（征求意见稿）立法听证会策划书”、模拟立法听证会等内容，使学生对立法听证会流程形成整体认识，理解科学立法、民主立法的具体要求；使学生运用辩证思维分析问题、解决问题，提升学生的法治意识与公共参与能力。

（二）教学重难点

重点、难点：如何推进科学立法。

五、学习评价设计

高中思想政治课程标准要求建立促进学生思想政治学科核心素养发展的评价机制，尝试建立激励学生不断进步的发展性评价机制。通过考查学生参与调研、讨论、展示等活动时的行为表现，对他们进行多维度综合性评价。

表 5-9　学习效果评价设计表

维度	权重系数
课前认真预习知识内容，完成立法听证会模型。	0.2
课中积极参与小组探究，勇于发表自己的观点，合作精神强。	0.4
认真聆听其他同学的观点，虚心与老师、同学交流。	0.2
完成课程设置活动及课后作业内容。	0.2

六、教学过程

环节一:科学立法的内涵

教师:小智治事,中智治人,大智立法。古往今来,法律在人类社会治理中发挥着不可替代的作用。发展永无止境,立法必须与时俱进。实现科学立法,提高立法质量,是实现全面依法治国的重大课题。请同学们思考:“什么是科学立法?”

学生:“科学”指的是法律能与具体实际相符合,体现规律的特点。在立法过程中要尊重各种规律,如社会发展规律、立法工作规律等。“立法”指的是有立法权的国家机关制定、修改、废止法律法规的活动。

教师总结:科学立法不仅要尊重和体现社会发展的客观规律,还应遵循立法活动的规律,提升立法质量。

【活动】

2020 年立法成果展——让法律点亮社会生活的每个角落。

教师:在课前,同学们以“2020 年立法成果展——让法律点亮社会生活的每个角落”为主题进行了资料收集,接下来请同学们按小组进行成果汇报。

学生 1:我们小组的主题为“聚集万众智慧　制定权利宝典”。

新中国成立以来,党和国家曾先后四次启动民法制定和民法典编纂工作。在《民法典》的编纂过程中,先后 10 次通过中国人大网公开征求意见,累计收到 42.5 万人提出的 102 万条意见和建议。

立法过程:

2014 年 11 月,党的十八届四中全会提出“编纂民法典”。

2015 年 3 月,全国人大常委会法制工作委员会启动民法典编纂工作。

2017 年 3 月,十二届全国人大第五次会议审议通过《中华人民共和国民法总则》。

2019 年 12 月，十三届全国人大常委会第十五次会议审议《中华人民共和国民法典（草案）》并决定将民法典草案提请本次大会审议。

2020 年 4 月，全国人大宪法和法律委员会对《中华人民共和国民法典（草案）》做了进一步修改完善。

2020 年 5 月，《中华人民共和国民法典》经十三届全国人大第三次会议表决通过。

学生 2：我们小组的主题为“国家安全立法　定国安邦之基”。

立法：以《中华人民共和国香港特别行政区维护国家安全法》为代表的一系列涉港国家安全立法，成为“一国两制”行稳致远的“压舱石”。《中华人民共和国出口管制法》维护中国自身的安全和利益，是我国在战略和立法层面回应国际经贸新形势的重要举措。《中华人民共和国数据安全法》确立了数据安全保护管理各项基本制度，以有效应对数据这一非传统领域的国家安全风险与挑战。

修法：《中华人民共和国国旗法》和《中华人民共和国国徽法》加入严禁损害国旗、国徽尊严等条款，强化国家观念，使法律具有了“国家安全”色彩。

学生 3：我们小组的主题为“助推经济发展　守护碧水青山”。

经济领域：审议通过《中华人民共和国海南自由贸易港法》，促进海南自由贸易港在法治轨道上有序运行。修改《中华人民共和国专利法》《中华人民共和国著作权法》，剑指知识产权保护领域的现实困境，加大侵权惩治力度，鼓励和保护自主创新，为进一步激发全社会的创新活力、助力科技、自强自立，提供法治保障。

生态领域：《中华人民共和国长江保护法》是我国首部专门的流域法律，法律从规划与管控、资源保护、水污染防治、生态环境修复、绿色发展、保障与监督等方面作出安排，谱写了保护长江母亲河的新篇章。修订《中华人民共和国固体废物污染环境防治法》与时俱进，亮点突出。

学生4：我们小组的主题为“回应社会热点　解决人民‘痛点’”。

立法：在全国扫黑除恶专项斗争收官之际，《中华人民共和国反有组织犯罪法》草案提请审议，接力打击刑事犯罪、维护公平正义，预示着我国打击有组织犯罪将步入法治化、常态化新阶段。

修法：修订《中华人民共和国未成年人保护法》及《中华人民共和国预防未成年人犯罪法》，标志着未成年人保护的法治化水平得到全面提升。修订《中华人民共和国档案法》，完善了档案管理制度，推动了档案事业现代化。《中华人民共和国刑法修正案（十一）》聚焦社会热点，回应人民关切；追责高空抛物、惩治妨害公共交通工具安全驾驶行为，捍卫人民利益。

教师：四组同学分别从国家安全、经济发展、生态保护、民生热点、民法典等多角度为大家展示了2020年的立法成就。

任务1：（小组讨论）2020年的立法成就是如何体现科学立法的？

学生1：民法典的制定要遵循立法程序，立法内容要适应我国的国情。

学生2：很多领域存在立法空白或存在法律内容不完善的情况。随着社会的发展，加强立法修法，是顺应社会发展的潮流。

学生3：编纂民法典，立法回应社会热点，关注民生，体现了坚持以人民为中心，保障人民的各项权利不受侵犯。

教师总结：同学们分别从国情角度、现实角度、立法角度对立法原因进行了阐述，由此我们可以概括出科学立法要遵循的原则包括：第一，科学立法要体现我国的国家性质，顺应时代发展要求，推动国家的发展进步,保障人民的各项权利。第二,科学立法要符合国情和实际。第三,科学立法必须遵循法律体系的内在逻辑和立法工作规律,遵循立法程序,注重立法技术,努力实现立法过程的科学化。

【设计意图】

本环节旨在引导学生明确科学立法要尊重规律,提升法律质量;培养学生运用辩证思维分析科学立法原则的科学精神;通过小组收集立法成就及汇报,提升学生整合信息及表达观点的能力,感知我国的立法工作成就,增强对我国法治建设的政治认同。

任务2:(小组讨论)坚持科学立法有何意义?

学生1:科学立法是全面依法治国的基础,没有高质量的立法,就不能推进严格执法、公正司法、全民守法。

学生2:科学立法具有重要意义。立法涉及各个领域,填补法律空白,修改法律漏洞,有利于提升治理能力。

学生3:人民所呼,立法所应,坚持为人民立法,保障人民的权益,体现了人民的主体地位。

教师总结:法律是治国之重器,良法是善治之前提,科学立法则是最为关键的一步。

【设计意图】

本环节旨在使学生懂得法律是治国的重要手段,良法是善治之前提,科学立法是推进全面依法治国、建设法治中国的前提,从而帮助学生坚定制度自信。

环节二:推进科学立法

教师:党和国家历来坚持弘扬勤俭节约、反对铺张浪费。为贯彻落实习近平总书记重要批示精神和党中央决策部署,积极回应社会关切,全国人大常委会着手制定了《中华人民共和国反食品浪费法》。

【活动1】明确科学立法的依据。

第一条　为了防止食品浪费，保障国家粮食安全，弘扬中华民族传统美德，践行社会主义核心价值观，节约资源，保护环境，促进经济社会可持续发展，根据宪法，制定本法。

——《中华人民共和国反食品浪费法》

第一章　总纲　第五条　中华人民共和国实行依法治国，建设社会主义法治国家。国家维护社会主义法制的统一和尊严。一切法律、行政法规和地方性法规都不得同宪法相抵触。一切国家机关和武装力量、各政党和各社会团体、各企业事业组织都必须遵守宪法和法律。一切违反宪法和法律的行为，必须予以追究。任何组织或者个人都不得有超越宪法和法律的特权。

——《中华人民共和国宪法》

第一章　总则　第二条　法律、行政法规、地方性法规、自治条例和单行条例的制定、修改和废止，适用本法。国务院部门规章和地方政府规章的制定、修改和废止，依照本法的有关规定执行。

——《中华人民共和国立法法》

结合材料，说明《中华人民共和国反食品浪费法》制定的依据是什么。

学生1：制定依据为《中华人民共和国宪法》和《中华人民共和国立法法》。宪法是我国的根本法，一切法律、行政法规和地方性法规都不得同宪法相抵触。《中华人民共和国立法法》明确指出，有关法律的制定、修改和废止等工作，都要依照其来执行。

教师：《中华人民共和国宪法》和《中华人民共和国立法法》是国家机关制定和修改法律的最基本的法律依据，有立法权的国家机关都要按照法定程序开展立法工作。

【设计意图】

通过法律条文使学生明确立法的法律依据为《中华人民共和国

宪法》和《中华人民共和国立法法》的科学精神。明确《中华人民共和国立法法》的法律地位，感悟宪法的最高法律地位，树立宪法至上的法治精神。

【活动 2】体会科学立法环节——模拟立法听证会。

教师：为广泛征求和听取社会各界的意见和建议，推动科学立法、民主立法进程，提高立法质量，经研究决定举行召开《中华人民共和国反食品浪费法》（征求意见稿）立法听证会。

【任务 1】假设你是人大常委会法制工作委员会工作人员，负责策划本次立法听证会，请完成策划书，并说明理由。

《中华人民共和国反食品浪费法》（征求意见稿）立法听证会策划书

一、听证会目的、背景说明

主要议题：顾客点餐浪费该收厨余垃圾处理费吗？

二、与会人员代表介绍

听证人员：______________________________

陈述人员：______________________________

其他人员：______________________________

三、宣读听证会纪律

四、听证会会议流程

1. 听证人对听证事项做出说明。

2. 陈述阶段：陈述人根据主要议题进行观点陈述。

3. 听证阶段：听证人向陈述人提问。

4. 辩论阶段：陈述人围绕辩论问题进行辩论。

5. 陈述时间：观点陈述。

五、形成听证结果

人大常委会法制工作委员会会同相关部门，查阅国外相关立法制度，在分析社会多方意见的基础上形成结果。

学生1：听证人员为人大常委会法制工作委员会委员，在听证过程中获取信息及意见。陈述人员为餐饮服务经营者（了解顾客点餐和食品浪费的基本情况）、消费者（用餐过程中造成食品浪费的重要主体）、垃圾回收处理工作人员（了解厨余垃圾的处理成本及如何高效利用厨余垃圾）。

学生2：陈述人员为人大代表（广泛听取人民群众对此的看法，使立法更具民意）、法律人士（通过专业知识，在认定浪费、收费额度如何划定等方面给出专业意见）、市场监管部门（为防止个别餐厅以收取厨余垃圾费为由，将其变成收费结账的固定项目）。

学生3：其他人员为媒体记者（将听证会信息及时传递至社会）、行业协会人员（对餐饮行业有一定了解，也可发挥行业协会的作用），另外，可开展网络同步直播，使网民朋友参与其中，发表观点。

【任务2】根据同学们的邀请人员名单，想一想召开立法听证会有何意义？

学生：专家给出专业性意见，体现尊重立法规律，提升立法质量；媒体记者有利于信息的公开和监督。参与主体多样，看问题的视角才能广泛，才能广开言路、集思广益，使立法更加科学、民主。

教师总结：坚持民主立法的核心在于立法为了人民、依靠人民。拓宽人大代表和人民群众参与立法的途径，可以使每一项立法都能反映人民的意志、得到人民的拥护。

【设计意图】

通过情境设置，在设计立法听证会的过程中，参与主体的多样性体现了民主立法的特点，使学生更有真实感，明确立法听证会的意义，从而提升学生的学习兴趣。

【任务3】感知科学立法内容。抽签选取角色（消费者——个人、机关、团体等，餐饮服务经营者，市场监管部门，行业协会），以

"顾客点餐浪费该收厨余垃圾处理费吗?"为主题进行小组讨论,共计3分钟,最后进行观点陈述。

学生1:作为消费者,我认为不应该将厨余垃圾处理费作为一种防止食品浪费的措施。我们可以鼓励消费者采用打包的方法将剩余食品带走,明确带不走的食品剩下多少量算浪费,餐饮单位在点餐和结算期间要予以提醒和说明。

学生2:作为餐饮服务经营者,我赞成此观点。垃圾处理会产生相应成本,收取处理费有助于降低垃圾的处理成本,提升大众的节约意识。

学生3:作为市场监管人员,我认为增加消费者的浪费成本有助于约束浪费行为。但市场监管部门也要维护消费者的权益,防止餐饮服务经营者破坏市场秩序。

学生4:行业协会起到引领、监督、推广的作用,对收取垃圾处理费起到制约作用。

【任务4】同学们说的都很有道理,立法及执法过程会涉及不同群体。如何编写立法内容才能使法律更加科学?

学生:在立法过程中,将不同主体应做的、不能做的明确写出来,将权利与义务相统一,国家机关权力的行使也要受到监督。

教师总结:科学立法要合理设定权利与义务、明确国家机关的权力与责任,做到权利与义务相统一。授予国家机关必要的权力,并对其加以制约,若权力行使不当应该承担法律责任。

【设计意图】

通过模拟立法听证会陈述观点环节,引导学生深刻体会不同主体拥有的权利与义务,增强学生的公共参与意识与能力。引导学生运用辩证思维看待问题,认识到举行听证会的过程即是权衡各方利益的过程,立法要合理设定权利与义务、权力与责任。

七、教学反思

（一）教学特色

1. 将学校课堂与社会实践相结合。通过课前的资料收集、课中的模拟立法听证会，教师与学生进行了大量的资料准备工作，通过为学生布置学习任务，引导学生思考问题、解决问题，让学生获得了更真实、更深刻的学习与实践体验，从而激发了学生的学习兴趣，坚定了“四个自信”，提升了法治意识与政治认同感。

2. 将理论学习与实践体验相结合。本节课不仅让学生对理论知识有所了解，也能引导他们在实践活动中学会运用知识，实现理论学习与实践体验相结合，通过解决问题锻炼他们的思维能力和创新能力，从而实现学以致用。

3. 将知识学习与价值观培养相结合。高中思想政治课程是落实立德树人根本任务的关键课程，以培育社会主义核心价值观为目的，帮助学生确立正确的政治方向、提高核心素养。本节课借助“立法成就分享”与“模拟立法听证会”，让学生正确理解科学立法的内涵与路径，并形成理性的价值判断与价值选择，树立正确的价值观，真正领悟科学立法的意义。

（二）课后反思

课程设计是上好一节课的基础，在备课过程中，如何创设情境、选取案例、做好材料分析、进行问题引导，都需要认真思考。如何实现“课程内容活动化”“活动内容课程化”？活动与教学内容要进行紧密贴合，问题要推动活动，引导学生深入思考，将抽象的问题细化，更好地实现实践活动与学科内容的有效对接。

在进行教学的过程中，本节课忽视了具体教学环节中对学生能力的培养与评价。在具体操作中，可通过不同活动落实学生的政治认同、科学精神、法治意识和公共参与的核心素养。

◎范例评析

“科学立法”教学设计关注思想政治学科核心素养的培育,以成果汇报、小组讨论、模拟立法听证会、角色扮演等系列活动为载体,将整节课的教学内容生活化、生动化、结构化,充分体现活动型学科课程的教学特点。其特点表现在以下三个方面:

第一,关注思想政治学科核心素养的培育。通过小组展示,让学生全方位地了解我国的立法成就,明确科学立法的原则,增强学生对我国法治建设的认同感。通过设计“《中华人民共和国反食品浪费法》(征求意见稿)立法听证会策划书”,使学生对立法听证会的流程形成整体认知,使学生认识民主立法的意义,提升学生的公共参与意识及能力。

第二,精心设计系列活动,打造活动型学科课程教学。本节课主要讲“科学立法的内涵”和“推进科学立法”。老师通过设计小组展示活动,开启对“科学立法的内涵”的讲解;通过小组讨论,明确科学立法要遵循的原则;通过模拟立法听证会,引导学生体会科学立法;通过角色选取,帮助学生明确不同主体的权利与义务。教师围绕教学,精心设计系列活动,实现了“课程内容活动化”“活动内容课程化”,提高了教学的生动性、针对性和实效性。

第三,注重问题设计,明确学习任务,开展问题立意式教学。教师在学生成果展示后进行归纳总结,并引导学生“从多角度分析法律制定与修正的原因”,引发学生进行深层次思考。针对易混易错点,又引导学生区分“有立法权的国家机关与国家立法机关”这一问题,培养了学生运用辩证观点分析科学立法原则的科学精神。

结　语

法律的实施和执行不仅仅依赖于法律本身的优良，还需要社会大众的认同和遵守。法律规定再完善，如果无法得到大众的认可和遵守，也无法实现真正的法治。公民的法律素养对法治社会的建设具有至关重要的作用。即使一个国家的宪法和法律制度设计得无比完美，如果公民缺乏必要的法律素养，那么这些优良的法律制度也无法得到人民的自觉遵守。因此，仅仅有良好的宪法制度并不能自然地激发公民的爱国热情。开展公民的法律素养教育是培养公民意识和法治观念的重要途径，也是促进国家和社会稳定与发展的重要手段之一。在建设法治中国和提升公民素质的过程中，爱国主义教育也必须得到足够的重视。通过教育，可以激发公民的爱国热情，培养他们的责任感和使命感，从而更好地为国家和社会的繁荣稳定做出贡献。

作为治国安邦的总章程，我国宪法始终将爱国主义置于重要地位，并根据时代背景不断丰富和加强相关内容。作为未来一段时间内我国实施爱国主义教育的指导性文件，《新时代爱国主义教育实施纲要》充分展示了我国宪法及其所代表的理念。因此，我国宪法与爱国主义教育之间存在着紧密的关联，相互支持和呼应。在推进新时代爱国主义教育的过程中，我们应该紧紧抓住宪法这个核心，从认知、信仰和行动三个方面着手，以宪法认同为核心推进新时代爱国主义教育。

要培养公民健康理性的爱国主义,必须持续开展宪法教育和法律教育。爱国主义的确立,必须基于公民对国家历史、现实国情和政治制度的正确理解,并要求公民对宪法持有无比的尊重和忠诚。爱国主义教育活动,必须以维护宪法为最高职责。要实现这一目标,关键在于坚持社会主义法治理念,通过宪法教育来传播和增强公民的宪法观念,并努力提升公民的法律素养。最后,我们要塑造公民对宪法的信仰,这是爱国主义教育的重要目标。

全面推进依法治国理念作为爱国主义的主导思想,源于马克思主义的指导和中国特色社会主义现代化建设事业的总体规划。在习近平总书记的领导下,我们总结了过去法治建设的实践经验,借鉴了世界各国的法治成果。我们倡导宪法爱国主义应以全面推进依法治国理念为指导思想。

总之,为建构中国特色宪法爱国主义,要以全面推进依法治国为指导,把公民宪法教育纳入我国政治教育、爱国主义教育的实践中,使其成为非常重要的内容,使宪法成为公民的生活规范,引导公民将爱国主义、社会主义和党的领导三者有机统一起来。而公民宪法教育应当从中小学生抓起,学生从基础教育阶段就要认真学习我国宪法,知道宪法的历史变迁,了解宪法建设发展的历程,增强对当今宪法的理解,树立遵守宪法的意识,维护宪法权威。我们倡议:应培养学生从小学宪法的意识,引导他们成为遵守宪法和维护宪法、忠于祖国的好公民,进而为实现中华民族伟大复兴的中国梦提供强大的精神动力。